Mami
Talk

Live aus dem Alltags-
chaos zweier Mütter

Caroline Hamann
Christiane Hoffmann

Mami
Talk

Live aus dem Alltags-
chaos zweier Mütter

südwest

Für unsere teuflischen Engel Charlotte,
Valentina und Victoria

Inhaltsverzeichnis

Hilfe, wo ist unser Leben hin? 71

Erziehung – reine Glückssache? 109

Geliebte Rotzgören 153

Danksagung 184

Quellenverzeichnis 185

Register 186

Vorwort

Caroline: Es war dieser Anruf, mit dem meine damals noch sehr frische Schwangerschaft überhaupt erst richtig anfing. Ich stand vor einem Supermarkt in Hamburg, als mich Christiane anrief. Wir kannten uns nur flüchtig. Sie war die Klatschkolumnistin der BILD, ich Nachrichtenmoderatorin beim NDR. An diesem Tag wollte sie mich für ein Interview gewinnen über das Baby, das ich erwartete. Ich lehnte ab. Kaum hatte ich aufgelegt, piepste es. Eine SMS von Christiane: „ICH BIN AUCH SCHWANGER."

Christiane: Ich hätte Caroline gerne für meine Hurra-ich-bin-schwanger-Story gewonnen. Aber ich konnte nur zu gut verstehen, dass sie diese Nachricht nicht mit ganz Deutschland teilen wollte. Ich war genauso schwanger, aber bis auf den Erzeuger, meine eigenen Erzeuger und meinen Chef wusste davon niemand. Ich war fast vierzig. Kurz vor unserem Telefonat hatte ich nach einem stressigen Morgens-Sido-in-Berlin-abends-Heino-in-Kitzbühel-Tag heftige Krämpfe gehabt. Ich hatte Angst, mein Kind zu verlieren. Und all das wollte ich nicht mit allen teilen. Nur mit Caroline – ab diesem Moment.

Das war der Startschuss. Wir fanden heraus, dass unsere Babys genau in der gleichen Woche zur Welt kommen sollten. Aus Geplänkel wurde ernsthafter Austausch. Manchmal stündlich. Oft auch nachts. Per SMS, Mail, Anruf.

Wir wurden Schwangere und Ko-Schwangere. Wo andere nur googeln konnten, fragten wir einander: Was hilft gegen Schlaflosigkeit? Welcher BH drückt nicht so fies? Welche Babywiege soll es sein? Es gab nichts, worüber wir uns nicht ausgetauscht hätten – und wenn es einfach unsere durch Wassereinlagerungen aufgedunsenen Füße waren. (Christiane trug am Schluss die Turnschuhe ihres Mannes, Caroline Schuhgröße 41 – dabei ist es leider geblieben.)

Dann kam die Woche, die alles veränderte: Christiane bekam ihre Tochter Charlotte, zwei Tage später wurde Caroline Mutter von Valentina. Unser Leben wurde in einem Maße auf den Kopf gestellt, wie wir es uns vorher nicht hätten träumen lassen. Mütter wissen, wovon wir sprechen. Nur eines änderte sich nicht: unser Bedürfnis nach Austausch. Stillen. Zufüttern. Durchschlafen. Krankheiten, Krisen und Krawall mit dem Liebsten.

Denn sowohl für Carolines Mann Boris als auch für Christianes Bernd waren wir als Neu-Mamas irgendwie rätselhaft. Wir sagten etwas – und unsere heiß geliebten Gegenüber dachten, wir sprächen plötzlich Chinesisch (oder seien leicht hysterisch). Bernd fand es total schrecklich, wenn Christiane mit ihm über Dinge wie „Kacka-Konsistenz" (also den Inhalt von Charlottes Windel) sprechen wollte. Caroline dagegen verstand sofort, warum das wichtig war.

Wie gut also, dass wir beiden Ko-Mamas uns gegenseitig hatten! Mit links hielten wir unsere Babys am Busen, mit rechts tippten wir ins Handy. Wir waren uns gegenseitig Kummerkasten, Jubeltrompete, Taschentuch, Ratgeberin. Außerdem waren wir selten einer Meinung, aber genau das half uns.

Nach einem Jahr fing Christiane wieder an zu arbeiten, und wir erfanden den BILD-Mami-Blog. Darin tauschten wir uns genau über die gleichen Themen aus wie vorher im Privaten, aber nun lasen andere Menschen mit. Und viele von ihnen – das erfuhren wir aus den Kommentaren – hatten exakt dieselben Fragen wie wir. Die Fragen, um die es bei allen Müttern früher oder später geht. Alle, die schwanger sind, alle, die Kinder bekommen, brauchen jemanden, mit dem sie über all die Themen reden können, die sich plötzlich ins Leben gedrängt haben: heftige Weinkrämpfe, volle Windeln, erste Wörter, unerklärliche Wutanfälle. Wer es nicht selbst erlebt hat, wird vielleicht darüber lachen. Aber Mamis brauchen einfachen jemanden, der sie versteht, zum Fragenstellen, Ausheulen, Diskutieren. Eine Person, die mitleidet und sich mitfreut, weil sie in exakt der gleichen Lebensphase steckt. Wir hatten uns gegenseitig. Andere werdende Mütter finden ihre Ko-Mama im Geburtsvorbereitungskurs (den wir beide gemieden haben wie der Teufel das Weihwasser) oder beim Frauenarzt auf dem Nebenstuhl. Manchmal sogar im Freundeskreis. Es ist wunderbar, sich mit sich und dem Würmchen nicht allein fühlen zu müssen. Denn ein Kind mag das allergrößte Glück auf Erden sein, aber wir haben es als fast genauso großes Glück erlebt, eine Freundin zu haben, der man einfach alles erzählen und anvertrauen kann und die Rat gibt, wenn man selbst nicht mehr weiterweiß.

Genau deswegen haben wir unseren Blog begonnen, und genau deswegen haben wir nun aus dem Blog dieses Buch gemacht. Wir haben dazu die Blogtexte überarbeitet und erweitert. Vor allem haben wir an vielen Stellen ergänzt, wie sich die Dinge seit dem Zeitpunkt des Schreibens weiterentwickelt haben, was funktioniert hat, was nicht und welche Probleme sich einfach irgendwann in Luft aufgelöst haben. Denn das gab es auch. Außerdem haben wir alles ein wenig sortiert. Sie bekommen jetzt in jedem der großen Themenkapitel einen Einblick in unsere ersten Jahre als Mamis: jeweils von den Anfängen bis – fast – heute.

Und warum das alles? Weil wir hoffen, dass Sie darin die eine oder andere vertraute Situation wiederentdecken, dass Sie darin Trost, guten Rat oder auch einfach einen Anlass zum Lachen finden. Dieses Buch ist gedacht für all die Stunden, manchmal tief in der Nacht, wenn alle um Sie herum sanft schnarchen, nur Sie selbst nicht. Für die Momente der Verzweiflung und Freude, aber auch für die ratlosen Minuten, wenn das Baby schreit – und die Freundin nicht erreichbar ist, die Oma keinen Rat weiß, weil sie diese Erlebnisse irgendwie in die graue Vorzeit verdrängt hat, und der Papa sich entschuldigt, weil er endlich mal wieder ausschlafen muss. Dann kann dieses Buch Ihnen vielleicht helfen – wie eine gute Freundin halt.

Das hoffen wir. Vor allem aber wünschen wir Ihnen eine genauso vertraute Ko-Mami, wie wir sie ineinander gefunden haben!

Ihre
Christiane Hoffmann und Caroline Hamann

Der ganz normale Alltagswahnsinn

Wir hatten versucht, alles so perfekt zu organisieren, wie wir es aus unserem Joballtag kannten: Die Wiege stand, das Zimmer war kindersicher und der Fläschchen-Sterilisator schon für die Zeit nach dem Stillen bereit. Doch als wir dann unsere Babys stolz aus der Klinik nach Hause trugen, kam doch alles anders. Wir schliefen kaum noch. Vor allem schliefen wir nicht mehr durch, schliefen nicht mehr allein und schliefen nur noch mit gespitzten Ohren. Unsere Gesichter zeigten dunkle Augenränder und der Bauch viel zu viel Haut … Aus Frauen wurden Mamas.

Wie managten wir das neue Leben? Wie gelang es uns, die ganzen kleinen und mittelschweren Katastrophen des Alltags mit dem heiß geliebten Nachwuchs zu überstehen? Wie geht das überhaupt: die Kinder zum Durchschlafen oder zum Essen zu bringen? Und wie übersteht man das erste Fieber?

Die erste Erkenntnis war: Wir überleben, und die Kleinen erst recht. Sicher, aller Anfang mit Kind ist holprig, aber vor allem eins: schön. Und voller Liebe.

Die zweite Erkenntnis: Perfektionismus ist Mist. Chaos wird zum Normalfall und lässt sich nur mit einer gewaltigen Portion Coolness ertragen.

Und: Ratschläge bekommt man gerne ungefragt. Daher die dritte Erkenntnis: gelassen bleiben! Als Mama weiß man meistens selbst, was richtig ist – auch, wann es guttut, sich die Erfahrungen anderer anzuhören. Wenn Sie Lust haben: Hier kommen unsere.

Es geht los:
Die ersten Wochen mit Kind

DIE WOCHE DAVOR

Liebe Caroline,

„Ui", sagte die brasilianische Pediküre kürzlich, als sie den tiefen Einschnitt sah, den meine bis vor ein paar Wochen noch ultragemütlichen Lieblingsschuhe in meinen Wasser-Waden hinterlassen hatten. Das Tolle: Sie (zweifache Mami; das erste Kind bekam sie mit achtzehn) gönnte mir dann umsonst eine ganz, ganz herrliche Fuß-Unterschenkel-Massage. Groß!

Im Trockner rotieren gerade die Schlafsäckchen, und den Klinikkoffer habe ich fertig gepackt. Jetzt trinke ich Tee, lese gleich, gucke die Tagesschau.

Alles Liebe,

Christiane

Liebe Christiane,

das Baby ist noch nicht da, aber an Schlaf ist schon nicht mehr zu denken. Gestern Nacht lag ich um 2, 4 und 7 Uhr wach – die Hebamme sagt, so gewöhnt sich der Körper schon einmal an den Stress nach der Geburt. *Sehr* beruhigend!

Wenn ich nachts wach liege, bin ich immer völlig überrascht, dass ich in einer Woche schon Mama sein soll. Ist das nicht unfassbar? Heute Nacht hatte ich ein solches Ziehen im Rücken, dass ich schon befürchtete, es geht los.

Wenn du am Montag dein Baby im Arm hältst, werde ich vorstationär aufgenommen. Ich werde sooo sehr an dich denken! Ich bin Mittwochmorgen als Erste dran. Wir haben es niemandem gesagt, nicht mal den Eltern. So versuchen wir, unsere Nervosität zumindest etwas in den Griff zu bekommen. So ein geplanter Kaiserschnitt ist irgendwie ein bisschen wie der Gang zum Schlachter. Manchmal wünschte ich, es kämen jetzt einfach Wehen, und das Baby suchte sich selbst seinen Geburtstermin. Ist schon ziemlich seltsam, wenn man selber darüber bestimmt, oder?

Tschööö!

Caroline

Liebe Caroline,

in circa zwölf Stunden werde ich mein Bett verlassen haben ... und meinem Schatz einen Toast schmieren, damit er nicht umkippt. Die Aufregung kommt in kleinen Stößen, allerdings mit steigender Schnelligkeit und Intensität. Irgendwie eruptiv. Der Koffer liegt im Auto. Und ich sitze gerade auf dem Sofa, lese Zeitung und zwinge mich, ruhig zu bleiben. Das Thema Schlaf werde ich für heute wohl abhaken.

Ich kann es nicht erwarten – werde langsam irre!

Alles Liebe, bis morgen,

Christiane (plus Inhalt)

DIE ERSTE WOCHE

Liebste Caroline!

Sie ist da!!! Und wunderhübsch. Und gesund. Ein absolutes Wunder. Um 8:33 Uhr erblickte sie das Licht der Welt: 3180 Gramm, 51 Zentimeter. Ihr Name: Charlotte Liel!

Sie wirkte viel zarter, als ich mir vorgestellt hätte – und kann schon super schreien.

Eine tolle Freundin gab mir einen schönen Tipp, den ich heute Morgen nach zwei Stunden Schlaf befolgt habe: Ich habe dem Würmchen einen Brief geschrieben, den sie irgendwann mal lesen kann, wenn sie möchte. In diesem Brief steht, was ich in den Stunden dachte, bevor mein Baby auf die Welt kam. Meine Ängste und Befürchtungen. Meine unbändige Vorfreude. Wie

Bernd und ich uns bis zum letzten Morgen uneinig waren, wie unser Kind nun heißen soll. Und wie dankbar ich war, dass endlich die letzten Stunden vor der Geburt angebrochen waren. Du wirst das alles mindestens ganz genauso unglaublich finden wie ich.

Charlotte ist das großartigste Wesen, das es gibt. Und es ist der Hammer, wenn die Motte am Busen einschläft.

Bernd ist so verliebt! Boris wird's genauso sein.

Alles Liebe, Bussi – und jetzt drücken wir euch die Daumen.

Die Mama

(Klingt das toll!)

Liebe Christiane,

noch vierzehn Stunden … Ich liege im Bett und bin vor Angst und Vorfreude panikstarr. Eben wurde das Bettchen geliefert.

Du bist schon einen ganzen Tag lang Mama. Wie wohl die erste Nacht war?

Ich habe Deinen Rat beherzigt und der Kleinen einen Brief geschrieben … und jetzt heißt es warten.

Hoffentlich kriegt Boris den letzten Flieger aus Paris und verpasst seine Tochter nicht! Und hoffentlich schwillt endlich mein Ringfinger ab, sonst sägen sie mir morgen meinen Ehering ab.

Wie sie wohl aussieht?

Oooh Christiane … Ich denke an Dich und Deine kleine Charlotte.

Panikline

Hallo Caroline!

Die Fotos Deiner Tochter sind sooo süß!

Meine schläft. Seit über drei Stunden, weil sie – mal wieder – die Nacht zum Tage gemacht hat. Unsere Nächte sind für mich wegen des Schlafentzugs die reine Folter. Zwinge mich jetzt, fast jede von Charlottes Schlafphasen auszunutzen, um selbst ein wenig zu ruhen. Krieche ziemlich auf dem Zahnfleisch. Aber dann schaue ich die Motte wieder an und bin völlig hin und weg. Ich werde heute den ersten Spaziergang wagen. Und bin ziemlich aufgeregt!

Seit Charlotte auf der Welt ist, habe ich nicht einmal mehr ferngesehen und seit der Rückkehr aus dem Krankenhaus auch keine Zeitung mehr gelesen. Auf dem Blackberry waren zweihundert Mails aufgelaufen, weil ich irgendwann in der Klinik beschlossen hatte, das Ding nicht mehr anzustellen.

Mama sein ist ganz schön hart! Damit hätte ich niemals gerechnet. Allerdings wird man unendlich belohnt.

Wie ich übrigens aussehe – unfassbar! Selbst nach dem Duschen, Cremen und Auftragen von Wimperntusche und einem Hauch Rouge (muss sein, sonst höre ich von Papa: „Siehst du müde aus. Denk mal an dich!") wirke ich mindestens so alt, wie ich bin. Allerdings: Die Pfunde schwinden sichtbar.

Nun die Frage: Schläft Valentina nachts??? Was ist Dein Trick? Magie? Zwang? Oder was?

So, Charlotte beginnt zu wimmern. Mutti muss ran!

Kiss
Christiane

Liebe Christiane,

einen Zaubertrick? Den hätte ich gerne! Zum Glück nimmt Boris mir mal nachts eine Mahlzeit ab. (Gerade tippe ich mit der rechten Hand, während ich mit der linken abpumpe.) Ansonsten herrscht hier Ausnahmezustand. Die Nächte sind eisenhart. Valentina ist stündlich wach und schläft auch nicht richtig tief ein. Ich habe weder Zeit zum Essen noch zum Duschen, und aus der Jogginghose komme ich gar nicht mehr raus.

Alles ist ganz anders, als ich dachte. Und es fällt mir schwer, mich tagsüber mit dem Baby hinzulegen. Ich sehe dann die

Wäschestapel, den dreckigen Boden, das ungespülte Geschirr…
Das Schlimmste ist: Alle wollen mich besuchen und das Baby
sehen. Und ich – ich möchte am liebsten meine Ruhe haben.
Nun habe ich also auch noch ein schlechtes Gewissen gegenüber
Freunden und Familie.

Positiver sah dagegen gestern mein erster Gang auf die Waage
aus. 11 Kilo sind schon runter, ohne dass ich etwas dafür getan
hätte. Wenn das so weitergeht, wiege ich nach der Schwangerschaft weniger als vorher!

Hoffentlich wird es bald besser. Sie ist so süß, aber die Nächte
sind sooo hart.

Deine Mitfolter-Genossin

WOCHEN 3 BIS 6

Liebe Caroline,

Bernd kann mir nachts nicht helfen, weil er richtig malochen
muss. Ich liege im Gäste- (jetzt Kinder-)Zimmer und tue fast
die ganze Nacht kein Auge zu. Am Wochenende wollen wir die
Familienzusammenführung proben.

Die Hebamme, die gestern da war, hat mir mehr oder weniger
verboten, das süße Geschöpf öfter als alle zwei Stunden anzu-
docken. Sie sagte, das sei schlecht für mich und Charlotte. Ihr
Tipp: alle zwei bis vier Stunden. So mache ich es seit gestern. Es
funktioniert. Nur nachts nicht.

So, nun zu Dir: DU MUSST SCHLAFEN! Sonst drehst Du
durch. Lass den Staub und den anderen Scheiß links liegen. Ich
kenne das nur zu genau. Ich kann Unordnung auch nicht ertragen, aber wenn ich in den letzten zwei Tagen nicht jede Stunde
zum Nickerchen genutzt hätte, sähe ich noch schlimmer aus.
Genauso wichtig ist es, regelmäßig zu essen.

Und: Mir hat ein kleiner Spaziergang echt gutgetan. Kam mir
vor wie ein Abenteuer. Ich habe Charlotte immer angeguckt, bei

jedem Steinchen, über das wir gefahren sind. Meine Mum hat mich bei Temperaturen, wie wir sie jetzt haben, immer auf dem Balkon schlafen lassen. Die Hebamme hat das Gleiche empfohlen. Ich traue mich noch nicht, aber das kommt noch …

Heute Abend kommt meine Mama und kocht Hausmannskost: Feldsalat, Kalbsbuletten, Kartoffelpüree. Ich drehe durch vor Glück.

Also, ich drücke Dich!

Christiane

Liebe Caroline,

ich liege nach unfassbaren sechs Stunden Schlaf (in nur zwei Etappen) im Bett. Mit Cappuccino und Lieblingszeitschriften. Denn: Die Tipps der Hebamme haben funktioniert!!!

Ich glaube, Charlotte findet das Kinderbett noch viel zu groß. Deshalb schläft sie nun im Kinderwagen mit Schlafsack. Dazu habe ich sie an den Füßen begrenzt, und die Hebamme hat sie mit einem Handtuch gepuckt – was brutal aussieht, aber richtig gut wirkt. Die Folge: Charlotte schläft immer noch.

Allerdings: Gestern Abend gegen 22 Uhr war hier Vollalarm. Sie hatte noch ein kleines Hüngerchen, soff allerdings zu viel und zu gierig. Also kotzte sie mit echter Kraft auf meiner Bäuerchen-Schulter.

Danach folgte also wickeln, zweimal umziehen (weil auch noch vollgestrullt). Danach kam sie wieder, weil das Reservoir aufgefüllt werden musste. Nach einem Riesenrülpser endlich: *Schlaf.* Das zweite Trinken dagegen war ein Klacks – mit folgendem Komaschlaf.

Wenn das heute Nacht wieder so abläuft, sehe ich Licht am Ende des Tunnels. Dafür habe ich aber auch wieder nicht in meinem eigenen Bett im Schlafzimmer gelegen, sondern bei ihr. Was soll's – Hauptsache, die *ganze* Familie Hoffmann sieht auch äußerlich glücklich aus.

Ich werde heute unbedingt wieder spazieren gehen! Und in Charlottes Zimmer lüften. Wie sagte die Hebamme? „Das ist viel zu warm!"

Also, ich hoffe, Du kannst Ähnliches erleben.

Ein gestärktes Bussi
Christiane

Liebe Christiane,

das musst du mir jetzt mal genau erklären: *Wo* schläft sie nachts? Und wie lange?

Bei uns war die Nacht wieder schlimm. Ich verstehe einfach nicht, woran es liegt. Hat Valentina mehr Hunger? Ist ihr langweilig? Hat sie Angst?

Tagsüber dagegen ist sie ein Engel und kommt brav alle drei Stunden, um danach tief und fest zu schlafen.

Boris und ich waren das erste Mal mit ihr draußen – ein Abenteuer!

✳✳✳

So. Die Hebamme war da. Sie kann mir auch nicht helfen.

Das Schlimmste ist: Diese Brüllabende führen dazu, dass mein Mann und ich uns streiten. Ich will Valentina beruhigen, er will zufüttern. Das kränkt mich in meiner Stillehre. Denkt er etwa, ich hätte zu wenig Milch?!

WOCHEN 7 BIS 12

Liebe Caroline,

so krass sich das anhört, aber Du solltest nicht auf Deinen Mann hören. Hat sie zugenommen? Wenn ja, dann brauchst Du auch nicht zuzufüttern. Das ist das einzige Kriterium – und natürlich Dein Instinkt!

Wenn du Valentina durch Stillen beruhigen willst, obwohl sie möglicherweise gar keinen Hunger hat, mach es! Meine hat vorhin auch wieder so viel getrunken, dass sie gespuckt hat. Dann ist sie eingeschlafen und natürlich aufgewacht, als ich sie ins Bett legen wollte. Aber ich habe sie so lange im Arm gehalten, bis sie schlief. Die Häschen brauchen unsere Nähe, vor allem, wenn sie ganz weinerlich sind.

Bin heute auch wieder richtig müde. Das Einzige, was hilft, wenn Valentina mich tagsüber nicht schlafen lässt, ist Spazierengehen.

Wir müssen da jetzt durch. Mich nervt vor allem dieser Spruch der anderen Mädels: „Genieß diese Zeit! So ruhig wird's nie wieder!" Hallo?! Ich empfinde *das hier* als wirklich stressig. Dagegen ist Arbeiten ein Spaziergang bei schönem Wetter.

Die anderen sagen: So ruhig wird's nie wieder. Hallo?!

Bernd hält sich mit Ratschlägen zum Glück ziemlich zurück. Ich würde bei meiner momentanen Gereiztheit sonst bestimmt die Wände hochgehen. Allerdings wird auch er ziemlich nervös, wenn Charlotte weint.

Es ist schon erstaunlich, wie sehr die Zweisamkeit unter so einem Würmchen leiden kann, wie sehr man sich unter Druck setzt und unter Druck gesetzt fühlt.

Das Krasse ist: Ich dachte eigentlich, endlich mal Zeit zu haben. So ein unfassbarer Schwachsinn! Zeit ist das, was mir am meisten fehlt. Ich habe im Moment das Gefühl, der Tag hätte nur noch zwölf Stunden.

Ach, aber jetzt träumt sie hier auf meinem Arm, lässt mich alles vergessen und hoffen, dass sie einfach happy ist.

✶✶✶

Charlotte hat gerade erstmals nach meinem Handy gegriffen! Und mich zwei Minuten zuvor irrsinnig bekotzt – ich sitze hier vollkommen nass. Jetzt liegt sie auf meinen Beinen und guckt mir beim Schreiben zu …

Liebe Spuckmama Christiane,

witzig, wie verschieden die Hasen sind. Ich glaube, Valentina hat erst zwei-, dreimal ein bisschen erbrochen. Das war's. Dafür schläft sie aber auch keine sechs Stunden.

Gestern Abend hatten wir den üblichen Punk: Ich wollte eine Sendung im Fernsehen anschauen, sie wollte schreien. Sie hat gewonnen ... So hab ich also wieder gestillt bis zum Umfallen (beziehungsweise bis zum Ende der Sendung). Danach hat sie zwar bis um 4 Uhr geschlafen, ich bin aber trotzdem total müde, denn sie schläft ja nur in meinen Armen, sodass ich höchstens mal in Halbschlaf falle.

Mein größter Wunsch: Sie soll in ihrem Bettchen schlafen, damit ich wieder bei Papa liegen kann.

Die Wünschelrute

Liebe Caroline,

meine unfassbare Tochter hat *acht* Stunden am Stück geschlafen! Ich bin völlig baff.

Allerdings hatte es die süße Maus gestern auch ein bisschen sehr schwer. Die Omis und Opis waren mal wieder da. Bevor sie kamen, wurde schwer gespuckt. Also noch mal waschen und umziehen. Und beim 17-Uhr-Süffeln bekam sie eine totale Weinattacke und war ganz schwer zu trösten.

Als sie endlich fertig war und ich sie auf dem Arm hielt, knatterte es dermaßen in ihrer Jeans, dass es *alle* am Tisch hörten und mit einem „Ui!" kommentierten. Nach circa zehn Minuten wackelte ich zum Wickeltisch – und staunte: Da schwappte es aus ihrer Windel schon gegen meine Bluse. Charlotte war vollgeschissen wie noch nie.

Also baden, für ihre Verhältnisse unglaublich spät. Die Wirkung: einstündiger, komatöser Schlaf. Danach schläfriges Trinken und nochmaliges Tiefschlafen. Als ich erwachte (und sie auch), war's Viertel vor sechs. Und ich befürchtete schon, meine Uhr wäre kaputtgegangen!

Kiss
Christiane

Liebe Caroline,

Premiere! Es ist das erste Mal seit der Neugeborenenzeit, dass meine Motte einfach so friedlich in ihrem Kinderwagen auf dem Balkon eingeschlafen ist – ganz ohne Fahren, Ruckeln, Zuckeln, Schaukeln oder Im-Arm-Liegen. Endlich sitze ich mal in der Sonne… Und das, nachdem ich heute schon zwei große Spaziergänge mit Charlotte gemacht habe: im Kinderwagen *und* im Baby-Björn.

Genießt das Wetter!

Kiss
C (mit beginnendem Dekolletee-Brand)

An dieser Stelle hatten wir also die ersten Wochen und Monate überlebt – ohne Blessuren, Viren und sonstiges Grauen.

Caroline war in erster Linie neidisch darauf, dass Christianes Tochter durchschlief. Christiane hätte gerne etwas weniger gestillt und ihrer Tochter seltener dabei zugesehen, wie sie die Muttermilch in hohem Bogen auf Mutter, Sofa, Wand oder Damenhandtasche an der Käsetheke spuckte.

Die Väter-Männer waren verliebt in ihre Töchter – allerdings nicht immer in die Mamas, was ihnen im Nachhinein überhaupt nicht zu verübeln ist. Schließlich spielten wir unseren leidgeplagten Männern manchmal ganz schön mit. Christiane zum Beispiel, in Sachen Bakterien wegen des Babys leicht hysterisch, begrüßte ihren Mann nach einer fünftägigen Dienstreise statt mit einem warmherzigen Kuss mit den eiskalten, herrischen Worten: „Schuhe aus und Hände waschen."

Es klang, als spräche sie mit einem renitenten, vollgematschten Kindergartenjungen. Nein, zum Glück hat er nicht die Scheidung eingereicht …

Wir wachten teilweise schon ganz schön besessen über unsere Brut. Würden wir es heute anders machen? Manches hoffentlich, das meiste nicht. Babys rufen extreme Gefühle in einem hervor: große Liebe, große Wut, große Enttäuschung, großes Verantwortungsgefühl – und manchmal eben auch große Hysterie.

Tatsächlich war alles anders, als wir es uns vorgestellt hatten. Wir waren nicht mehr dieselben Frauen wie vor der Schwangerschaft, auch wenn wir uns das ursprünglich felsenfest vorgenommen hatten.

Doch plötzlich war da diese doofe Fixiertheit auf ein kleines Wesen. Wir wollten es beschützen und verhielten uns dabei manchmal peinlich, unlogisch, eigenartig. Und merkten es erst, wenn wir uns darüber austauschten.

Alles ist eine Phase!

Was wir in dieser ersten Zeit gelernt haben: Alles ist eine Phase! Die Brecherei, die Schlaflosigkeit, die mangelnde Gelassenheit, die Sexlosigkeit, das Sich-unattraktiv-Finden: eine Phase – sowohl beim Würmchen als auch bei der Mama.

Phase. Dieses Wörtchen haben wir uns gegenseitig vorgebetet wie ein Mantra. Alles geht irgendwann vorbei – und dann wartet eine neue Herausforderung.

In Christianes Fall waren das nach knapp zwölf Monaten die mit vielen Tränen begleitete Eingewöhnung in die Kita und der Wiedereinstieg in den Job. Und bei Caroline?

Liebe Christiane,

es ist 20 Uhr, und ich gehe jetzt ins Bett, völlig ausgepowert von meiner fast Einjährigen.

Ich wusste bislang nicht, wann und wie ich es Dir sagen soll: Nachdem wir für Valentina fast drei Jahre Anlauf gebraucht haben, sollte es diesmal wohl etwas schneller gehen. Ich bin schwanger. Heute habe ich bereits Köpfchen und Bauch gesehen. Ganze 2,17 cm warten darauf, mich weitere zwei Jahre nicht schlafen zu lassen.

Die bald zweifache Mama

Der liebe Schlaf: Wenn Erholung so bitter nötig wie unerreichbar ist

Liebe Christiane,

am Wochenende waren wir mit Valentina auf dem Ponyhof. Während wir noch einparkten, schrie mein Mann geschockt: „Caroline, da liegt eine Frau im Auto und bewegt sich nicht!"

Ich stieg aus, um die Situation genauer unter die Lupe zu nehmen. Die Wahrheit war: Dort schlief eine Frau den Schlaf, den sie zu Hause ganz offensichtlich nicht bekommen hatte. Hinten im Auto klemmten zwei verwaiste Kindersitze. Ihren Mann hatte sie wahrscheinlich mit den Kindern zum Ponyreiten geschickt.

Boris war entsetzt, ich dagegen spielte mit dem berauschenden Gedanken, es ihr direkt nachzumachen. Da saß eine wie ich! Denn auch ich fand mich jederzeit bereit, in eine Art Kurzkoma zu fallen. Ich war glücklich, nicht alleine zu sein.

8,22 Stunden Schlaf machen uns zu zufriedenen, ausgeglichenen Menschen: so weit die Meinung der Schlafforscher. Doch wie sieht das bei jungen Müttern aus? Was macht ein Schlaf von 2 + 3 + 1 Stunden aus einem menschlichen Wesen? Die Antwort ist: Wir entwickeln uns zu schlecht gelaunten, teilweise hirnlosen Lebewesen, die zwar die nötigsten Aufgaben erledigen können, zu mehr aber auch nicht mehr in der Lage sind. Vom Menschsein sind wir da weit entfernt; vom Frausein ungefähr so weit wie die Erde vom Mars.

Warum ich nach fast einem Jahr mit Valentina jetzt wieder mit diesem Thema anfange? Ganz einfach, in meinem Bauch wächst

Baby Nummer 2 heran und stört schon jetzt meine Nächte. Ich wandere herum, weil es strampelt und sich dreht und mich darauf vorbereitet, was *danach* kommt.

Ich weiß noch, wie verzweifelt ich war, als mir die ersten ebenso frischen Mütter (allen voran Du) erzählten, *ihre* Kinder schliefen nun durch – nach gerade einmal sechs Wochen. Es fühlte sich an wie ein Affront: *Alle* wissen, wie es geht, nur unser Kind nicht!

Ich las Bücher dazu und versuchte zu googeln, was wir falsch machten. Doch die einzige Antwort, die ich im Internet fand (und die sich auch mit der Empfehlung meines Kinderarztes deckte), lautete: Lassen Sie Ihr Kind schreien. Nehmen Sie es *nicht* aus seinem Bett, und gehen Sie immer wieder mit beruhigenden Worten aus dem Zimmer.

Für meinen Mann und mich klang das wie eine Anleitung aus einem Folterhandbuch. Mit diesem Nein zu dem Bestseller *Jedes Kind kann schlafen lernen* standen wir allerdings ziemlich allein da.

Ein Kind ist so, wie es ist.

Am Ende brauchte Valentina ein gutes Jahr. All die Tipps ändern nichts daran, dass ein Kind so ist, wie es ist. In Valentinas Fall hieß das: schwieriges Zahnen und viele nächtliche Tränen. Auch heute noch nehmen wir sie zu uns ins Bett, wenn sie krank ist oder es ihr nicht gut geht. Wir glauben nicht daran, dass wir sie dadurch an falsche Rituale gewöhnen, sondern hoffen, dass ihr die Liebe und die Geborgenheit in diesem Moment helfen. Und: Wir werden belohnt, denn meistens schläft sie ja in ihrem eigenen Bett durch.

Unser neues Baby wird hoffentlich von unseren Erfahrungen profitieren. Anders als bei Valentina haben wir uns vorgenommen, die Kleine mindestens sechs Monate bei uns im Zimmer zu lassen. Das verkürzt meine nächtlichen Wege, und das Kind hat seine Eltern immer in der Nähe. Also haben wir uns ein Bettchen angeschafft, das sich direkt an unser großes Bett andocken lässt. Das heißt: Nummer 2 wird direkt neben mir liegen, und ich muss mich nachts nur zu ihr drehen, um sie zu stillen. Wir werden nun einfach mal unserem Instinkt vertrauen. Und *Jedes Kind kann schlafen lernen* bleibt im Regal stehen.

PS (4 Jahre später)

Heute google ich schon wieder. Victoria, unser Baby Nummer 2, hat den Rekord gebrochen und bis auf eine kurze Phase *nie* durchgeschlafen. Wir waren beim Osteopathen und beim Homöopathen (und ich entwickle mich bald zum Psychopathen). Valentina hat schnell gemerkt, dass sich Durchschlafen nicht lohnt, wenn Victoria immer zu Mama darf. So haben wir sie nun Nacht für Nacht beide im Bett. Nein, ich genieße das nicht mehr, aber ich bin viel zu müde, um nachts viermal aufzustehen und das jeweilige Kind zurückzutragen (was pädagogisch natürlich klüger wäre).

Mein „Lieblingstipp" zu diesem Thema ist der eines befreundeten Seelendoktors: „Entspann dich, Caroline, dann entspannt sich auch das Kind!"

An dem Abend, als er mir das sagte, wünschte ich ihm vier Jahre ohne Schlaf an den Hals. Mal sehen, wie er sich dann fühlt. Noch ist er kinderlos.

Liebe Caroline,

ich sitze hier und kämpfe wieder mal mit der Müdigkeit nach einer *dieser* Nächte. Diesmal gab es eine heftigste „Mamaa! Maaamaaa!"-Schreiattacke mit sirenenartigem Geheule um drei. Ich hin zur Mausi (die inzwischen anderthalb ist), trösten, auf den Arm, Kuschelsessel. Sie verlangt nach „Sassa" (Wasser) und süffelt gierig. Ich lege sie wieder hin. Fünf Minuten Stille. Dann erneutes Weinen.

Der Grund? Keinen blassen Schimmer. Zähne? Vielleicht. Fieber? Nein. Volle Windel? Nicht wirklich. Albtraum? Wahrscheinlich. Das Weinen brach wieder los, als sie in *ihrem* Bett lag und ich in meinem. 30 Sekunden, 60 … Eine Ewigkeit, aber dann war Ruhe. Charlotte schlief selig, nur ich nicht. Ich lag wach.

Um 5:40 Uhr hat die Motte endgültig die Nacht für beendet erklärt. Bis sieben haben wir vier Bücher beziehungsweise Babyzeitschriften durchgearbeitet, Mama hat zwei ultraharte Hallo-wach-Espressi geschluckt, Charlottes Puppen gekämmt, an- und ausgezogen, einen Haufen beseitigt, dreimal Tränen getrocknet, Müllwagen geguckt vor der Tür („Oooh!"), Trockner aus- und Waschmaschine eingeräumt, Frühstück gemacht, Joghurtschlacht geschlagen und ein Duplo-Hochhaus gebaut mit Gehege für „Roooaaar" (Löwe), „Tatse" (Katze), „Maaam" (Mann) und zwei alte Kekse.

Kurze Nächte sind *Alltag*. Zu Beginn, zwischendurch und immer wieder…

Nach dem 3. Monat schlief Charlotte in *ihrem* Bett in *ihrem* Zimmer – allerdings schlief sie nur auf meinem Arm ein. („Selbst schuld!", rufen an dieser Stelle die Expertinnen.) Das hatte sich durchs Stillen irgendwie so ergeben, war so kuschelig und überhaupt. Zu uns ins Bett kam sie selten, nur dann, wenn's nicht anders ging, weil sie zum Beispiel Fieber hatte oder sonstwie krank war.

Dann, kurz vor ihrem ersten Geburtstag, krochen wir alle auf dem Zahnfleisch: vier ganze Wochen mit der Motte zwischen uns. Die Hölle! Keiner von uns schlief mehr richtig. Charlotte war dauerkrank, wir auch. Sie bekam Zähne, wir hatten Augenränder bis in die Kniekehlen.

Aus purer Verzweiflung ging ich jeden Tag rennen, mit der pennenden Charlotte im Kinderwagen. Auf einer dieser Joggingrunden reifte ein Entschluss: *Jedes Kind kann schlafen lernen!* Ich würde das unter Eltern so bekannte Buch von Annette Kast-Zahn und Hartmut Morgenroth lesen und das Programm durchziehen. Jetzt!

Ja, mein Mann und ich haben Charlotte schreien lassen. Erst 3 Minuten, dann 5, dann 7. Dazwischen haben wir sie getröstet und gebetsmühlenartig wiederholt, dass es schön ist, im eigenen Bettchen zu schlafen.

Am zweiten Tag dasselbe Programm: erst 5 Minuten, dann 7, dann 9 ... und so weiter. Ein Prinzip, das auch „Freiburger Sanduhr-Methode" genannt wird, denn es wurde vom Freiburger Schlaflernlabor entwickelt und geht zurück auf die Ferber-Methode aus den USA.

Ja, unser Sensibelchen hat sich panikartig übergeben und Protestdurchfall bekommen. Ja, sie tat mir unendlich leid, und ich kam mir wie eine Horrormutter vor. Ja, es hat quälende drei Wochen gedauert, und ich hatte das schlechteste Gewissen meines Lebens. Ja, ich habe heulend auf dem Küchenboden gehockt, mir die Ohren zugehalten und meinen Mann angeschrien, weil ich's nicht mehr aushielt. Ja, selbst unser sonst eher cooler Kinderarzt sagte: „Ich kenne einen der Autoren des Buches sehr gut, aber ich finde das zu hart ..."

Doch: Es wirkte. Und wie! Charlotte schläft selbst ein und durch – in ihrem eigenen Bett. Und wenn eine Krankheit oder Ähnliches Charlottes Schlafverhalten wieder aus dem Rhythmus bringt, dann machen wir's erneut. Nicht drei Wochen, aber einen Abend lang. Und die Wirkung setzt sofort wieder ein.

Natürlich haben wir ein schönes Bettgehritual, und zwar immer dasselbe, jeden Abend, egal, wo wir schlafen – also natürlich auch im Urlaub oder auf Kurztrips: Vorhänge zu! Lesen! Schmusen! Wasser trinken! Puppe! Ab in den Schlafsack! Licht aus! Unser Lied heißt „Mein Schmusebär".

Beim Anblick ihres Bettchens schreit Charlotte nicht mehr, sondern ruft erfreut: „Heiaaa!" Natürlich gibt's Nächte, in denen sie unsere Nähe dringend braucht. Und die bekommt sie selbstverständlich – mit Schmuseeinheiten der Extraklasse.

Und heute?

Christiane würde das Schlafprogramm – auch wenn es ihr, ihrem Mann und auch ihrer Tochter erholsamen Schlaf im eigenen Bett verschaffte – nie, nie, nie wieder anwenden, sondern Carolines Weg einschlagen. Warum?

Sie und ihr Mann hatten später das Gefühl, Charlotte das Vertrauen in ihre Eltern genommen zu haben, als sie allein in ihrem dunklen Zimmer schreien musste. Inzwischen halten sie das Programm trotz des Erfolgs für einen Fehler.

Caroline ist erleichtert: Während der Arbeit an diesem Buch stand die vierjährige Victoria eines Morgens vor ihr und sagte: „Mama, ab jetzt schlafe ich durch."

Und das tut sie seitdem auch. Nachdem die Eltern jahrelang alles medizinisch abgeklopft hatten, entschied ihre Tochter am Ende einfach selbst. Darauf hatten Caroline weder Google noch der Kinderarzt vorbereitet.

Eine Mami für alle: Lässt sich Liebe aufteilen wie eine Sahnetorte?

Liebe Christiane,

kann eine Mutter ihre Liebe durch zwei (oder mehr) teilen? Die ganze Schwangerschaft habe ich darüber nachgedacht, Freundinnen befragt, in mich hineingehört und gewusst, die Antwort lautet: Ja!

Aber jetzt … So sehr ich meine beiden Töchter liebe – in der Praxis bedeutet es eine Zerreißprobe. Wie hole ich die anderthalbjährige Valentina aus der Krabbelgruppe ab, wenn die im fünften Stock ohne Aufzug liegt und das Baby unten im Kinderwagen nach einem entsetzlichen Schreikonzert endlich eingeschlafen ist? Kann ich die Kleine dann unten allein lassen – was, wenn sie geklaut wird? Wie soll ich einkaufen, wenn die Ältere im Spiel-Einkaufsauto durch den Supermarkt gefahren werden will – lasse ich dann die Jüngere einfach im Doppelbuggy an der Kasse stehen? Wie soll ich zu Anfang alle zwei Stunden stillen, ohne dabei der älteren Tochter das Gefühl zu geben, dass ich überhaupt keine Zeit mehr für sie habe? Wie bringe ich Valentina in ihr Bett, wenn aus unserem das Baby kräht und weint?

Die Liste ließe sich beliebig fortsetzen, und das Dilemma bleibt immer gleich: Wie viel ungestörte Zeit schenkt man der einen, wie viel der anderen, und wie soll man beiden gerecht werden, wenn man nur zwei Hände und ein Gehirn hat?

Aus unserem Umfeld kommt seit der Geburt von Victoria immer nur die eine Frage: „Ist Valentina sehr eifersüchtig?"

Nein, das ist sie nicht, im Gegenteil. Aber heißt das, sie muss auf mich verzichten, nur weil sie sich (meistens) so perfekt verhält?

Mein schlechtes Gewissen wird mit jedem Tag schlimmer. „Gleich, mein Schatz, das Baby weint …", höre ich mich zwanzigmal am Tag sagen. Oder auch: „Gleich, meine Süße, Victoria hat Hunger!" Oder: „Oh, warte mal einen Moment, das Baby hat die Windeln voll."

> Mein schlechtes Gewissen wird mit jedem Tag schlimmer.

Manchmal gucken Valentina und ich uns traurig an, weil wir unsere Zweisamkeit vermissen. Manchmal wird meine Große auch einfach wütend und fordert: „Baby weg!"

Andersherum gilt natürlich auch für Victoria, dass sie zu wenig Aufmerksamkeit bekommt. Was haben wir uns um Valentina gesorgt! Beim kleinsten Schnupfen rannten mein Mann und ich *gemeinsam* zum Kinderarzt. Victoria hat schon die zweite Erkältung ganz ohne ärztliche Hilfe durchgemacht. Mit Valentina übten wir das Kopfheben, das Drehen, das Krabbeln, und wir kommentierten begeistert jedes Gurren. Victoria dagegen sitzt in ihrer Wippe, und dort muss sie auch bleiben – Abwechslung gibt es nur, wenn sie gestillt wird.

Ach, und wo wir schon über „Liebe durch zwei" sprechen: Mein Mann wagt gar nicht mehr zu fragen, wann *er* eigentlich mal dran ist. Sollten wir uns mal zwei Minuten durch Zufall ohne Kinder auf dem Sofa wiederfinden, fühlt sich das schon an wie die reinsten Flitterwochen.

Das Schöne ist immerhin: Auch unsere Glückshormone haben sich verdoppelt. Valentina liebt ihre kleine Schwester seit dem ersten Tag. Wenn ich ohne Victoria auftauche, ruft Valentina: „Baby wo?", und sucht nach ihr. Sie hat sich Victoria gegenüber noch nicht ein einziges Mal gemein verhalten, im Gegenteil: Sie singt Schlaflieder und schaukelt die Wiege. Morgens möchte sie am liebsten noch vor Mama ihre kleine Schwester im Arm halten. Das rührt mich und meinen Mann sehr, und in diesen Momenten spüren wir: Wir sind jetzt eine richtige Familie geworden. Mit all den Anfangsschwierigkeiten, die wohl dazugehören.

Liebe Caroline,

ich habe keine zwei oder drei oder vier Mäuse, aber ein ganzes Bündel Turbo-Menschlein. Schon ein paar Tage nach der Geburt sagte die Ärztin bei der Vorsorgeuntersuchung U2: „O, da haben Sie aber ein äußerst aktives Mädchen!"

Jeden Freitagnachmittag treffe ich mich mit meinen PEKiP-Mädels. (PEKiP, das ist der Kurs für Babys im ersten Lebensjahr, den Männer im nettesten Fall als „Schwachsinn" bezeichnen und den Mamas heiß und innig lieben, weil er für sie ein Gleichgesinnten-Treff ist.) Spätestens dort bemerke ich durch den direkten Vergleich mit fünf weiteren Kindern im Alter von 12 Wochen bis 12 Monaten, wie viel Energie in diesem kleinen Knödel namens Charlotte steckt.

Sie rennt mehr als die anderen. Sie erklimmt jede verfügbare Treppe, klettert auf jedes Sofa und in jedes Regal, lässt sich fast immer ablenken. Sie trotzt schon wie eine Dreijährige (ich muss echt lernen, konsequenter zu sein). Außerdem kann sie prima laut schreien. Von drei Stunden befindet sie sich mindestens zwei Stunden und 45 Minuten im Ich-gebe-alles-an-Action-Modus.

Charlotte ist eine Miniatur-Mixtur aus Lara Croft und einer Weltrekordsportlerin. Wenn sie abends aus dem Stand völlig k. o. ins Bett fällt („Mama singen NEIN, Bett!"), muss ich mich regelrecht dazu zwingen, für meinen Gatten noch die aufmerksame Ehefrau zu spielen. „Ja, Schatz, natürlich höre ich dir zu …"

Heike vom Heede, Düsseldorfer Familien-Institut

Heike vom Heede gibt Tipps zum Familienleben mit zwei und mehr kleinen Kindern:

Erwähnen Sie gegenüber dem neugeborenen Baby häufiger, dass es einen ganz tollen Bruder oder eine super Schwester hat, und begründen Sie unbedingt, warum: weil er oder sie beispielsweise so schön baut und spielt. Das größere Kind wird stolz und happy sein!

Abends können Sie den Kindern erzählen, wie die erste Zeit im Leben zu dritt oder zu viert war und was Sie alles mit dem jeweiligen Kind schon erlebt haben. Selbst die Kleinsten wollen Erklärungen. Denken Sie nicht, dass sie es nicht verstehen. Sie tun es!

Planen Sie Zeiten für jedes Kind allein ein, damit sich die Kinder emotional satt trinken können! Mütter haben permanent ein schlechtes Gewissen, weil sie immer glauben, eines der Kinder komme zu kurz.

Erklären Sie den größeren Kindern: „Als du so klein warst, habe ich mich auch so viel kümmern müssen und wollen. Das gehört zum Kleinsein dazu."

Nehmen Sie das Neugeborene nicht zu allen Events der Geschwisterkinder mit! Es ist ein schönes Gefühl, Mama mal für sich zu haben.

Tages-Abschluss-Kuscheln ohne Baby oder eine Geschichte von Mama in Ruhe vorgelesen zu bekommen beruhigt das Geschwisterkind.

Ein ganz klar strukturierter Tag ist hilfreich. Und Mamas sollten unbedingt daran denken, wie wichtig Auszeiten für sie selbst sind – und solche mit dem Partner. Das heißt: Wenn Sie die Möglichkeit haben, holen Sie sich Hilfe bei der Betreuung der Kinder.

Könnte ich zwei oder mehr Kinder haben? Ich habe die Frage für mich mit Nein beantwortet.

Mit zwei oder mehr Turbos würde ich mein Mottegesund-Mama-arbeitet-Leben mit Kita, Oma, Opa und Babysitter nicht so relativ entspannt auf die Reihe bekommen.

Allen gerecht werden? Ich glaube, irgendjemand kommt immer irgendwann zu kurz. Das Kind, mein Mann, mein Arbeitgeber oder ich. Schlechtes Gewissen ist eine ganz stinknormale Alltagskatastrophe.

Schlechtes Gewissen ist eine ganz stinknormale Alltagskatastrophe.

Ich war knapp vierzig, als Charlotte kam. Vor einer Woche fanden wir uns sonntags in der Klinik-Notaufnahme wieder. Ein älterer Herr wird im Krankenhausbett zum Röntgen geschoben. Er sieht mich mit Charlotte (noch immer relativ haarfrei) und bemerkt ungefragt: „Nein, was für'n hübscher Junge. Und Sie sind bestimmt die Oma, nicht wahr?"

Nein, Mann, ich bin Spätgebärende mit Einzelkind. Na und? Bin ich deswegen egoistisch? Droht mein Kind deswegen zum Terrorknödel zu werden? Nein! Es ist *mein* Weg, mir, meiner Tochter und meiner Umwelt möglichst gerecht zu werden.

Triefnasen und Fieberbäckchen: Warum sind wir bloß dauernd krank?

Liebe Christiane,

draußen fallen die Blätter von den Bäumen, drinnen husten sich vier kleine und große Menschen in den Herbst hinein. Früher einmal war das meine Lieblingsjahreszeit. Heute bekomme ich Panikattacken, weil ich weiß: Ab jetzt sind wir Dauergast bei unserem Kinderarzt. Seine Telefonnummer ist eine der wenigen, die ich auswendig kann.

Als alle um uns herum noch die warmen Temperaturen genossen, bekam Valentina (2 Jahre) Fieber. Dem Fieber folgte ein Husten. Dem Husten ein lästiger Schnupfen. Dann wurde die kleine Schwester (6 Monate) krank, die – laut Kinderarzt – denselben Virus hatte, allerdings in einer ganz anderen Ausprägung: mit Gelenkschmerzen, hohem Fieber und Magen-Darm-Infekt. Dem Husten-Schnupfen-Gelenk-Magen-Darm erlagen mein armer Mann und schließlich ich. Jeder gab sich Mühe, besonders krank zu sein: sehr schlimm zu husten, sehr zu fiebern, ausgiebig zu spucken und *sehr wenig* zu schlafen.

Um es kurz zu machen: Wir sind so geschwächt, als wäre der Winter schon rum.

Natürlich sind wir bemüht, unsere Kinder vor allem zu bewahren. Nur wie? Unser Kinderarzt schlägt allen Ernstes *totale* Isolation vor. Unvorstellbar. Anders als unsere Mütter, die in den Siebzigerjahren schön brav zu Hause blieben, wollen wir Mamis von heute raus, wir wollen arbeiten oder einfach nur andere Erwachsene sehen (ohne dadurch gleich zur Lattemacchiato-Mama zu werden). Aber die Kitas sind von September bis April Virenschleudern; nirgendwo sonst trifft man so viele Kinder mit ekligen Rotznasen auf einem Haufen.

Kitas sind von September bis April Virenschleudern.

Wenn ständig jemand weint, Fieber hat und leidet, dann fragt man sich schon, ob das sein muss. Doch just im Augenblick der größten Verzweiflung fiel mir ein Artikel der FAS mit dem Titel „Keine Panik, das gibt sich" in die Hände. Zusammengefasst: Ob mein Kind im ersten Jahr krank wird oder erst mit vier oder fünf, ist eigentlich egal. Treffen tut es *jeden*. Und: Ein gesundes Immunsystem kann sich überhaupt nur durch wiederholte Infekte ausbilden. Zwölf davon sind im Winterhalbjahr normal.

Normal sind allerdings auch erschöpfte Mamis, reif für den Seelsorger. Frühmorgens gegen 3 (besonders beliebte Zeit bei Schmerzattacken aller Art) hacke ich Zwiebeln klein und stopfe sie in Kindersocken. Die Zwiebelsäckchen werden mithilfe von Haarbändern auf die Kinderohren gepresst und sollen so die

Hermann Josef Kahl, Kinderarzt

Was müssen Eltern jetzt tun, um die Infektionszeit zu überstehen? Dr. Hermann Josef Kahl, Vorsitzender des Präventionsausschusses der Kinder- und Jugendärzte sowie Kinderarzt und Kinderkardiologe in Düsseldorf, gibt Tipps.

Kann ich mein Kind überhaupt vor Husten, Schnupfen, Heiserkeit schützen?

Ja, aber natürlich nicht hundertprozentig. Wenn eine Infektionswelle auf uns zurollt, sollten Eltern größere Menschenansammlungen mit ihren Kindern eher meiden. Darunter fällt auch ein überfüllter Supermarkt. Gerade jetzt sollten Kinder ausreichend Vitamine zu sich nehmen, also ausgewogen ernährt werden, viel Obst und frisches Gemüse essen, auch wenn das nicht zu den Lieblingsspeisen zählt.

Es gibt Ärzte, die Isolation empfehlen – was sagen Sie dazu?

Nein! Kinder *müssen* Infekte durchmachen, da durch sie erst das Immunsystem gestärkt wird. Durch jeden Infekt werden Antikörper gebildet, die beim nächsten Infekt wieder helfen.

Wenn mein Kind krank wird – wie kann ich ihm die Erkältungszeit erleichtern?

Ist das Kind krank, sollte es zu Hause bleiben. Kinder, die durch ihre Eltern zu Hause umsorgt werden, die es kuschelig haben, die regelrecht aufgepäppelt werden, genesen schneller. Sie werden durch die Nähe schneller stabil und auch seltener krank. Außerdem sollten Kinder auch mit Erkältung an die frische Luft. Eine halbe Stunde reicht aus. Heizungsluft wirkt belastend. Tagsüber sollte es in der Wohnung nicht wärmer als 20 Grad sein, nachts 18 Grad. Sofern es nicht zu kalt ist, sollte der Raum, in dem das Kind schläft, gut gelüftet sein.

Ab wann muss ich zum Arzt?
Bei hohem Fieber! Außerdem dann, wenn das Kind auch ohne Fieber geschwächt ist, wenn der Atem pfeift oder die Nase eitrig läuft.

Welche Medikamente sollten Eltern immer in der Hausapotheke haben?
In jedem Fall Fieberzäpfchen oder -saft und frische Kochsalzlösung für die Nase, um den Schleim abfließen zu lassen. Die Tropfen beziehungsweise das Spray bitte nach dem Infekt wegwerfen! Zudem sollte man darauf achten, dass kranke Kinder, vor allem bei einem Magen-Darm-Infekt, viel und ausreichend Flüssigkeit zu sich nehmen. Da der Hunger meistens abnimmt, darf der Tee dann auch ein bisschen gesüßt sein. Frische Säfte sind zu empfehlen. Grundsätzlich gilt darüber hinaus: *Alle* Medikamente unbedingt mit dem behandelnden Arzt besprechen und nicht selbst rumdoktern.

Gibt's Hausmittel, die sinnvoll sind?
Hausmittel sind meist nicht verkehrt und können durchaus helfen. Ein Wadenwickel in Zimmertemperatur (bitte nicht eiskalt) kann das Fieber senken. Auch ätherische Öle sind durchaus sinnvoll, aber nicht bei Säuglingen und in keinem Fall bei Asthma oder bei obstruktiver Bronchitis. Tee mit Honig bei älteren Kindern kann Husten gut lösen.

Ist eine Grippeimpfung sinnvoll?
Natürlich. Die Impfkommission hat eine klare Empfehlung: Chronisch kranke Kinder sollten geimpft werden, für alle anderen Kinder kann die Impfung einen sicheren Schutz vor Grippe darstellen. Die Impfung ist gut verträglich und nebenwirkungsarm.

nahende Mittelohrentzündung verhindern. Natürlich wird das von großem Geschrei vonseiten der Kinder und anhaltendem Protest meines Mannes begleitet, der den Geruch von Zwiebeln einfach nicht erträgt.

In den Schlafzimmern hängen auf den Heizungen feuchte Handtücher, und der eigens bestellte Luftbefeuchter dampft zusätzlich vor sich hin. Ach ja, und dazu kommen homöopathische Globuli (Kügelchen) – überall Globuli: für Kinder, die Schmerzen mehr links empfinden und viel jammern, und für Kinder, deren Wange eher rechts rot wird und die keine Zugluft ertragen. Ob's was bringt?

Schwer zu sagen. Am Ende dauert das Ganze fast immer so lange, wie eine Erkältung eben dauert: acht bis zehn Tage. Manchmal zähle ich die Tage bis Anfang April. Spätestens dann ist der Virenspuk vorbei. Bis zum nächsten Jahr.

PS (1 Jahr später)

Nach diesem grässlichen, langen Winter voller Krankheit hatte ich im Sommer darauf die großartige Idee, die Kinder und mich einer Immuntherapie zu unterziehen. Täglich mussten wir *gute* Darmbakterien in Form von Tropfen zu uns nehmen, um uns von oben bis unten sanieren zu lassen. Leider brachte diese aufwendige (und zudem sehr teure) Stärkung unseres Immunsystems – *nichts*. Auch im Herbst darauf ging es bei uns wieder pünktlich los. Die Zeit der Krankheiten endete erst im späten März.

Oh Mann, liebe Caroline,

Zeitumstellung, heute Morgen, kurz nach fünf: „Mama!" (Noch leise.) Zehn Sekunden Pause. „Maaamaaa!" (Sehr hörbar.) Zwei Sekunden Pause. „MAMAA, wach, Heia NEIN!" Eine Zehntelsekunde. „MAAAMAAA! Nunu weg, andere Ditta – wo?" (Übersetzt: Jetzt schwing endlich die Hufe hierher und sorge dafür, dass wir schmusen, ich meinen Schnuller bekomme – und meine zweite Puppe!)

Shit, shit, shit, denkt sich die Mama. Raus aus den lockenden, warmen Federn, rein ins pure, nachtschwarze Mutti-Vergnügen: Schmusen! Milch! Bauen! Lesen!

Bilanz der Nacht: vier Stunden Schlaf – und die auch nur mit Unterbrechungen, weil aus dem angrenzenden Kinderzimmer Hustenattacken zu hören sind.

In den letzten vier Wochen seit Ende September hat unsere Motte, knapp zwei Jahre jung, eine Husten-bis-zum-Kotzen-Bronchitis, einen Anderthalb-Tage-Turbo-Flitzkacki und eine Heiser-wie-nach-mindestens-hundert-Kippen-Halsentzündung (inklusive Husten und Schnupfen) hinter sich gebracht. Der letzte Infekt klingt gerade ab. Und es wird nicht lange dauern, bis das Keuchen und Schniefen erneut losgeht …

Die Oma und mich hat's bislang einmal erwischt. Außerdem habe ich leichten Oberarm-Muskelkater, da das Kuschel-Bedürfnis von Charlotte in solchen Zeiten ganz immens steigt: „Mamaaa, Aaarme!"

Kaum hat Charlotte den Wickeltisch erreicht, ruft sie: „Mee-ente! Haben, essen, Nase, Mund!" Übersetzung: Die Medikamente sollen an ihren Bestimmungsort.

Trotz Schlaflosigkeit, Gequengel und Alles-liegen-lassen-Müssen unsererseits, weil in solchen Momenten nur die Motte dran ist und sonst nix, heißt die Devise: Nicht jammern, durch! Diese Phasen machen *alle* Eltern und vor allem ihre Würmchen durch. Zum Glück ist – fast – jede Kinderkrankheit heilbar und kaum eine ernsthaft bedrohlich.

Ach ja, ich koche im Moment alle drei Tage Hühner-suppe, der ja eine natürliche antibiotische Wirkung nachgesagt wird. Die Suppe gibt's entweder mit Gemüse, Nudeln, Kartoffeln und Ähnlichem, oder sie dient als Basis für grüne Erbsen- oder Sonstwassuppe. Davon isst Charlotte auch bei Mini-Appetit. Zumindest ein paar Löffel. Für innere Wärme ist also gesorgt – viel wichtiger ist

Zum Glück ist fast keine Kinderkrankheit ernsthaft bedrohlich.

aber die Herzenswärme: Je mehr Charlotte und ich schmusen und kuscheln, je näher wir uns im Moment sind, umso besser geht's unserer Kleinen. Und das stärkt auch *mein* Immunsystem. Küsse stecken zwar an, aber sie heilen auch ganz wunderbar. Damit tröste ich mich.

Und heute?

Christiane, früher total von homöopathischen Kügelchen überzeugt, benutzt sie kaum mehr. Sie konnten keine Krankheit verhindern und haben bei Charlottes Genesung auch null und nichts geholfen. Der Kinderarzt hatte ohnehin lapidar geäußert: „Machen Sie nur. Wenn Sie glauben, dass es hilft ...‟ Jetzt geht es ohne genauso gut oder schlecht.

Caroline kann die Theorie, dass wiederholte Infekte das Immunsystem ausbilden, inzwischen bestätigen. Mit fünf hatte Valentina im ganzen Winter genau einmal Fieber, und auch Victoria musste nur zwei Infekte hinter sich bringen. Sie findet, es geht voran. Das Immunsystem der Kinder scheint dazugelernt zu haben.

Kinderlose Babyhasser: Stören unsere Kinder wirklich immer und überall?

Liebe Caroline,

wir haben da einen neuen Nachbarn. Wenn Charlotte, zwei Jahre jung, seine Schritte über uns hört, sagt sie: „Aah, Mama, neue Nacktbar!‟

Er, der „Nacktbar‟ ...

... ist jung, attraktiv, allein lebend ...

... und stellte sich bei uns – wirklich exakt! – so vor: „Ich bin der neue Mieter. Und, ach ja, ich habe nichts gegen Kinder.‟

Das ist jetzt zwei Wochen her – und ich kenne immer noch nicht seinen Namen, habe aber mittlerweile einen handgeschriebenen Brief von ihm, der auf dem Kinderwagen direkt innen vor unserer Haustür lag. Auszug: „Vielleicht ist die Wohnung zu klein …?"

Mein Mann ist friedliebend und lässt sich nicht leicht aus der Ruhe bringen. Er löst aufkeimende Konflikte mit Freundlichkeit, analytischem Verstand, sachbezogen. Übermannen ihn die Emotionen, hat er sich sehr schnell wieder im Griff. Es ist ihm zu verdanken, dass unser Nachbar noch physisch und psychisch unversehrt ist – und unser Kinderwagen nicht mehr innen vor der Haustür steht. Mein Mann hat mir geraten, es dabei zu belassen. Na gut. Aber ich schmolle.

Warum verstehen sich Eltern und Kinderlose bloß nicht?!

Warum wissen Kinderlose nicht, was Kinder brauchen?

Und warum haben Eltern wie ich kein Verständnis mehr für jene, die jetzt noch so leben, wie wir es vielleicht mal irgendwann getan haben?

Noch vor drei Jahren saß ich kopfschüttelnd im Restaurant, wenn ein gelangweilter kleiner Terrorknödel den ganzen Laden in Aufruhr versetzte. Klar, Erziehungsidioten, die Eltern! Heute bin ich die Idiotin …

Vor ein paar Tagen ging ich mit Mama und Tochter an der Ostsee essen. Wir bestellten natürlich jeder nur ein Hauptgericht. Es ging darum, den Hunger zu stillen – bloß nicht verweilen! Charlotte war hungrig, übermüdet und hatte überhaupt keine Lust auf Restaurant.

Erst schrie sie, weil sie nicht sitzen wollte. Dann schrie sie, weil ich aufstehen sollte. Dann schrie sie vor Freude, als sie um alle Tische herumrannte. Dann schrie sie, um die Kellnerinnen zum Versteckspiel zu animieren: „Geht's los! Steck spiele! Schööön!"

Meine Mutter und ich wechselten uns mit der Betreuung ab und schlangen zwischendurch hastig unseren Fisch herunter, um bloß schnell fertig zu werden.

Als wir endlich im Auto saßen, sagte meine Mama: „Hast du das Paar hinter uns gesehen?"

„Nein."

„Sie haben die ganze Zeit vorwurfsvoll den Kopf geschüttelt." Einen Tag später gingen wir wieder essen. Diesmal sah die Situation grundlegend anders aus. Erstens: Es gab Charlottes Leibgericht, Pasta mit frischem Pesto (im Charlotte-Sprech: „Nudel Potschi"). Zweitens: Ich hatte meinen iPod dabei, mit selbst gedrehten Videos und ein paar TV-Folgen „Mondbär". Charlotte aß friedlich – und als die Langeweile kam, guckte sie Filmchen.

Was sagt das Gesetz?

Rechtlich ist klar: Kinderwagen im Treppenhaus oder Hausflur abzustellen ist Mietern grundsätzlich erlaubt, es sei denn, der Mietvertrag oder die Hausordnung verbieten es, um beispielsweise Fluchtwege frei zu halten. Ein solches Verbot ist allerdings unwirksam, wenn der Mieter im Einzelfall darauf angewiesen ist, den Kinderwagen im Hausflur abzustellen.

Und Lärm gehört zum Kindsein dazu! „Störende Geräusche, die von Kindern ausgehen, sind als Ausdruck selbstverständlicher kindlicher Entfaltung und zur Erhaltung kindgerechter Entwicklungsmöglichkeiten grundsätzlich sozialadäquat und damit zumutbar." So stellt es beispielsweise die Berliner Behörde für Stadtentwicklung und Umwelt per Gesetz fest.

Hinter mir saß diesmal eine Dame Ende vierzig, die den Kopf schüttelte. Ich konnte sie förmlich denken hören: *Da versaut doch tatsächlich eine egozentrische Mutter ihr Kind mit Videos, um in Ruhe essen zu können.*

Ich dachte: Sagst du nun was – oder ignorierst du sie? Aber ich blieb still. Entweder haben diese Kopfschüttler keinen eigenen

Nachwuchs, oder sie sind so alt, dass sie vergessen haben, wie das Leben mit kleinen Kindern aussieht: Buggys, Dreckschuhe und Sandeimer vor der Haustür – und immer dann Geschrei, wenn's einem nach Ruhe ist.

Der Tag, nachdem der Mir-passt-Ihr-Kinderwagen-nicht-Brief vor unserer Haustür lag, war ein Sonntag. Charlotte wachte um kurz vor 6 Uhr auf. Für Eltern normal, für Singles mitten in der Nacht. Sie weinte. Herzzerreißend, ohrenbetäubend, durch alle Wände dringend.

Ich nahm meine Motte ganz fest in den Arm – und musste sehr schmunzeln.

Guten Morgen, Herr Nachbar ...

Liebe Christiane,

kann man Kinder mit Insekten vergleichen? Seitdem ich selber welche habe, kommt es mir manchmal ein wenig so vor. Wenn man sie aus Entfernung beobachten darf, sind sie niedlich wie Marienkäfer. Kommen sie einem aber zu nahe, benehmen sich viele Mitmenschen, als krabbelte ihnen gerade ein Mistkäfer über den Hals.

Neulich in einem wirklich kinderfreundlichen Restaurant: Die Karte gibt es zum Ausmalen, die Pizza in Babygröße, alles ist also ganz klar auf Kleine ausgerichtet. Meine Kinder (2 und 1 Jahr) freuen sich bereits auf ihr Essen, da beschwert sich mein Nachbar empört über die Lautstärke an unserem Tisch. Ich lasse mich sofort verunsichern und zische meine Kinder an, bloß leise zu sein.

Aber wo andere Kinder brüllend herumrennen, ihre Strumpfhosen herunterziehen und Stifte schmeißen, sind meine natürlich mit dabei. Mir bleibt vor Scham die Pizza im Hals stecken. Schnell bestelle ich die Rechnung.

Zwei Tage später fahren wir gemeinsam unser Auto durch die Waschstraße. Nichts ist spannender für die Kinder als die großen, wuscheligen Maschinen, die unser Auto sauber wischen. Das Highlight danach ist der Staubsauger. Als ich gemeinsam mit Victoria unsere Fußmatte ausklopfe und absauge, schreit mich mein Autoputznachbar von rechts wütend an: „Sind Sie wahnsinnig? Mein Auto ist frisch gewaschen, und jetzt kommen Sie mit Ihrem Kinderdreck!"

Wenn ich mein Geld mit Versicherungen verdienen würde, ich würde eine neue erfinden: gegen Kinderdreck, Kindergeruch, Kindergeschrei, Kindergelaufe, Kindergestöre. Sie würde sich sicher hervorragend verkaufen. Potenzielle Abnehmer treffe ich nämlich jeden Tag.

Woher kommt bloß diese unduldsame Haltung gegenüber Kindern (und ihren Müttern)?

Warum träumen alle von mehr Rente, sind aber schon genervt, wenn auf ihrem Kleinwagen ein Staubkorn klebt?

Warum entschuldige ich mich, als ob ich asozial wäre, wenn ich mit Doppelbuggy ein kleines Geschäft betrete?

Und warum kommt niemand auf die Idee, mir zu helfen, statt immer nur zu meckern?

Mir ist schon passiert, dass ich mit zwei Kindern im Kinderwagen und mit Schweißperlen auf der Stirn im strömenden Regen dem Bus hinterherrannte – und als ich ihn, gestresst wie ich war, gerade erreicht hatte, machte mir der Busfahrer in aller Seelenruhe die Tür vor der Nase zu. *Haha, war nicht schnell genug, die Mutti! Selbst schuld.*

Ich will all diesen Menschen noch nicht mal Kinderhass unterstellen. Manche haben vermutlich keinen eigenen Nachwuchs, und andere haben bereits vergessen, wie anstrengend es ist, kleine Kinder im Zaum zu halten. Aber ab und zu sollten sie sich vielleicht doch daran erinnern, dass sie alle einmal klein waren. Dass sie Spaß hatten zu schreien, im Dreck zu spielen oder etwas Verbotenes zu tun.

Ich will mich jedenfalls nicht zu Hause verstecken, bloß weil ich Kinder habe!

Von Futterverweigerern, Allesfressern und Mäuseportiönchen: Die Sache mit der gesunden Ernährung

Liebe Caroline,

neulich: Ich bin mit meiner Motte (2) unterwegs. Auf der Wippe treffen wir einen Jungen, ein Mädchen, zwei Muttis. Es ist 17 Uhr. Charlotte hat Appetit.

Ich: „Gleich gibt's Abendessen. Hier ist ein Apfel."

Sie murrt erst, weil sie lieber einen Keks hätte, aber dann futtert sie lustig drauflos. Zwischen den einzelnen Bissen sagt sie: „Mama, mehr bitte!"

Jetzt fällt den anderen beiden Kindern ein: „Auch haben!"

Logo! Ich verteile den Apfel.

In diesem Moment sagt eine der anderen Mütter: „Ich hole meinem Jungen mal schnell einen Fruchtriegel, der isst ja immer so schlecht."

Dabei kaut der zufrieden auf unserem Apfel herum.

Ich schweige. Kein Wunder, dass er schlecht isst, wenn er sich vor dem Abendessen noch einen Riegel reinhaut! Wie soll er dann auch Hunger haben?

Meine Tochter guckt mich fragend an: „Mama, was das? Komisch, der Ding …"

Warum Charlotte nicht weiß, wie ein Riegel aussieht? Weil es so etwas schlicht und ergreifend bei uns nicht gibt. Was zur spannenden Frage führt: Wie mache ich mein Kind zum gesunden Alles-Futterer, Mit-uns-Esser und Nichts-Verweigerer? Und: Welche Ernährung ist die richtige?

Bei uns heißt die Devise: Geduld. Kinder verhungern nicht gleich, wenn man ihnen nicht mit dem Essen hinterherläuft. Außerdem wird nicht vor dem Fernseher gefuttert, auch wenn ich weiß, dass die Verlockung groß ist, und es auch selbst schon getan habe (aber dann habe ich es

> Die Devise heißt: Geduld. Kinder verhungern nicht gleich.

auch wieder gelassen). Das ist es aber auch schon an allgemeinen Erkenntnissen, die ich gesammelt habe. Alles andere war Trial and Error – ein ständiges Ausprobieren.

Bis zum achten Monat musste ich Charlotte stillen, weil sie keine Flasche nahm. Dabei hatte ich zu Hause *acht* verschiedene Modelle! (Sie nahm am Ende ein britisches Produkt, das der Brust nachempfunden ist.) Darüber hinaus ließ sie sich nur zu einer einzigen Löffelmahlzeit überreden. Selbstgekochtes verweigerte sie in der Gläschenphase komplett. Meine Hebamme gab mir den Rat, sie einfach mal ein gutes Stündchen hungern zu lassen. Sie würde dann schon irgendwann die Flasche oder etwas anderes nehmen. Ich habe das Gebrüll nicht auf Dauer ertragen ... und die Sache schnell wieder gelassen.

Nach der Muttermilch kam das Milchpulver. Das stellte Charlotte irgendwann während einer Magen-Darm-Geschichte von sich aus ein. Seitdem gibt es als Getränk bei uns fast ausschließlich Wasser, manchmal noch ungesüßten Fencheltee.

Am ersten Dinkelbrötchen, weich gelutscht in der Wippe mitten auf dem Esstisch, wäre Charlotte beinahe erstickt. Ich Idiotin!

Irgendwann mit anderthalb Jahren entdeckte meine Maus Wurst für sich und erklärte sie zu ihrem Lieblingsessen. Überlebt ein Kind, wenn es sich nur von Wiener Würstchen, Leberkäse und dicken Scheiben Mortadella ernährt? Das schon. Aber im Nachhinein denke ich manchmal, ich hätte die Dinger niemals aus dem Kühlschrank nehmen sollen.

Bin ich eine Rabenmama, wenn ich meine Süße ab dem 17. Monat alle paar Tage mal mit etwas Süßem beglücke? Nö, finde ich. Die Kinder in unserem Umfeld, die nie Zucker bekommen oder zumindest anfangs keinen bekamen, drehen durch vor Glück und futtern sich bis zum Erbrechen voll, wenn sie bei uns zu Hause solche köstlichen Schrecklichkeiten wie Schokocroissants, Nuss-Nougat-Creme oder Lollis erblicken.

Rigorose Verbote schaden nur. So läuft es bei uns. Und bei euch, Caroline?

Liebe Christiane,

wie ich dich beneide um das unkomplizierte Essverhalten deiner Tochter! Wenn ich schon höre, dass sie Knoblauch, Pesto oder Dinkelpasta isst – großartig, fantastisch! Schon der erste Brei war bei Valentina ein Drama. Karotte: „Nein!" Brokkoli: „Iiih!" Zucchini: „Nein!" Pastinake nahm sie manchmal, aber auf keinen Fall frisch gekocht, nur aus dem Gläschen. Wie bei einem Frosch kam zur Fütterungszeit Valentinas kleine Zunge hervorgeschossen, tippte den Babybrei auf dem Minilöffel kurz an und verschwand wieder. Dann schloss Valentina angewidert den Mund.

Seit diesen frühen Tagen gilt bei ihr: Was der Bauer nicht kennt, frisst er nicht. Heute ist sie zwei Jahre alt und isst am liebsten trockenen Reis, Nudeln mit Butter oder Kartoffeln. Selten Gemüse, keine Saucen. Nur Obst findet sie gut. Natürlich reicht das nicht, und so schwebe ich in Dauersorge, ob aus diesem Kind mal etwas werden kann.

Dass sie nicht richtig frühstückt, toleriere ich gerade noch. Erstens sagt mein Kinderarzt, das sei bis zu einem gewissen Alter normal, und zweitens kann ich sie nicht für etwas ausschimpfen, das ich selbst bis heute nicht kann. Bis zehn Uhr bekomme ich keinen Bissen herunter. Während also der Papa keine zwei Sekunden nach dem Aufstehen schon etliche Marmeladen- oder Nutellabrote vertilgt hat, nuckelt Valentina stundenlang an ihrem Apfelsaft und ich an meinem Tee.

Kaum gehen wir beide allerdings mit dem Kinderwagen zum Einkaufen, meldet sich der Magen meiner Tochter: „Mama, Brezel? Mama, Croissant?"

Natürlich kaufe ich ihr etwas, denn ich will ja nicht, dass sie verhungert. Pädagogisch wertvoll ist das natürlich nicht. Und Vitamine? Null!

Mittags gibt es dasselbe Theater. Da isst sie zwar immerhin etwas mehr als morgens – aber die Ration meiner Tochter würde kaum einer Maus reichen. Manchmal mache ich ihr ein Babygläschen warm. Das mag sie, und das reicht ihr auch. Immerhin, nachmittags beißt sie manchmal von einer Banane ab. Ein Stück Apfel darf es auch mal sein. Das war's.

Reicht ihr dieses bisschen Energie, um einen ganzen Tag zu bewältigen? Müsste sie nicht träge und apathisch wirken? Abends zeigt sich, was hinter diesem Wunder steckt: Kaum stehe ich nämlich am Herd, um für Boris und mich zu kochen, wird Valentina wach. „Hmm, Mina auch Fleisch!", höre ich vom Kinderstuhl. Schwupp!, verschwindet ein Riesenstück in ihrem Mund. Mein Mann und ich gucken uns verwundert an, während Valen-

Dagmar von Cramm, Ernährungsexpertin

Diplom-Ökotrophologin Dagmar von Cramm, Expertin für Ernährung, Autorin und Mutter von drei Kindern, erklärt, wie es Eltern richtig machen:

Ab wann isst mein Kind alles mit?
Ab dem ersten Jahr. Und zwar nicht schlagartig, sondern Häppchen für Häppchen, schön mundgerecht.

Darf man Tricks anwenden – und wenn ja, welche?
Ablenkung, wenn's was Neues gibt, hilft oft. Gemüse pürieren ist ein Klassiker. Und Ungeliebtes in Tomatensauce verstecken ist der Hit! Ebenfalls beliebt: Gebratenes im Teigmantel – da rutschen auch Zucchini.

Muss immer am Tisch gegessen werden?
Regelmäßigkeit ist wichtig. Ein Kleinkind braucht zuverlässige, feste Essenszeiten – das entspricht seinem natürlichen Rhythmus und gibt ihm Sicherheit und Geborgenheit. Aber rohes Gemüse wie Möhrchen, Gurke oder Paprika vor dem Essen knabbern, wenn Mami noch kocht, ist prima!

tina unser Steak verzehrt. Natürlich gibt es nicht täglich Steaks, aber was ich für meinen Mann und mich koche, will meine Tochter auch – zumindest Fischstäbchen, Hühnersuppe oder Spaghetti. Gemüse lässt sie weiter liegen, aber vielleicht kommt das ja noch... Hoffentlich!

Und heute?

In Carolines Familie birgt das Thema Essen immer noch reichlich Sprengstoff, zumindest was die inzwischen fast sechsjährige Valentina betrifft. Ihre Lieblingsspeise: Käse. Daneben dürfen es

Was muss ein Kleinkind zu sich nehmen?
4–5 Portionen Getreide in Form von Brot, Pasta, Reis, Flocken oder Kartoffeln; 2–3 Portionen Gemüse (roh oder gekocht); 2 Portionen Obst; 3 Portionen Milch und Milchprodukte wie Käse, Joghurt, Quark; 1 Portion Fleisch oder Fisch; etwas Rapsöl im Essen und Streichfett fürs Brot. Und natürlich immer eine Kinderportion – das heißt: eine Kinderhandvoll.

Was sollte es nicht essen?
Es kommt vor allem auf die Menge an: keine Süßgetränke, höchstens ein Glas Saftschorle. Das Kind sollte keine Riegel und stark gesüßten Snacks oder Desserts bekommen, außerdem möglichst wenig stark gesalzene Fertigprodukte, die reich an tierischen Fetten sind, wie Pizzen, Aufläufe, Bratwürstchen, Hähnchennuggets oder Lasagne.

Und was ist das größte Ernährungs-Tabu?
Zu Hause nicht mehr zu kochen!

auch mal Nudeln, rohe Karotten und Gurken sein. Mit großen Augen schaut sie ihrer kleinen Schwester (4 Jahre) zu, die mit einem Riesenhunger auf die Welt gekommen ist.

Victoria frisst sich wie eine kleine Raupe Nimmersatt durch alles Essbare, und Carolines Schuldgefühle werden ein bisschen kleiner, weil endlich die ganze Familie am Tisch sitzt und gesunde Sachen isst.

Carolines Strategie lautet: Geduld! Schon allein aus Ehrgeiz, ihre Schwester zu übertrumpfen, probiert Valentina nun ab und zu immerhin Gemüse. Und gewachsen ist sie auch. Alles andere wird kommen – von selbst! Mit übertriebenem Druck soll ihr jedenfalls der Appetit nicht verdorben werden.

Christiane und ihr Mann haben für die ganze Familie ein paar Futtergrundregeln aufgestellt, die der ganzen Familie guttun:

Sie versuchen, so oft wie möglich zusammen zu essen, und zwar zu relativ festen Zeiten. Gesund! Am Tisch! Ohne Hektik! Mit Handyverbot (zu dem es nur klitzekleine Ausnahmen gibt)! Damit kann man nicht früh genug anfangen.

Alle probieren (fast) alles. Als Charlotte das Gleiche wie die Erwachsenen zu essen begann, spuckte sie mindestens 90 Prozent aus. Mit zwei entwickelte sie plötzlich eine Aversion gegen Käse, die geblieben ist. Käse darf wegen des Geruchs nicht in ihrer Nähe stehen und manchmal noch nicht einmal namentlich erwähnt werden. Deshalb heißt Käsekuchen bei Hoffmanns Quarkkuchen …

Wenn Christiane kocht, müssen die anderen den Tisch decken und auch mit abräumen. Das fällt Charlotte manchmal leichter als ihrem Papa.

Benehmen ist wichtig, und „Ellbogen sind ungezogen"! Es schmeckt alles zehnmal besser, wenn man nicht stopft, Messer und Gabel benutzt und gerade sitzt.

So schön kuschlig hier: Wie viele Menschen passen eigentlich in ein Elternbett?

Liebe Caroline,

als ich heute Morgen den Menschen vor mir im Spiegel betrachtete, überkamen mich spontan zwei Fragen:

Wie gefährlich ist Botox wirklich?

Und: Gibt's diese Haare auch ohne Weiß?

Warum denke ich über Nervengift für mein Gesicht und Farbe für den Kopf nach? Weil ich seit ein paar Wochen so müde bin wie seit Beginn meines Mamaseins nicht mehr. Das hat zwei Gründe:

1. Einen polternden Single-Nachbarn, der tagsüber gerne mal schläft und sich dann von unserer Tochter gestört fühlt. Und der dafür nachts glaubt, er wäre allein auf der Welt.
2. Ich habe einen neuen Schlafgast! Meine knapp dreijährige Tochter kommt neuerdings jede Nacht in mein Bett, und zwar zwischen Mitternacht und Dämmerlicht. Und in meiner unendlichen Harmonie- und Kuschelsucht lasse ich sie – natürlich – rein …

Das Zusammenspiel dieser beiden Faktoren sorgt dafür, dass ich wach liege, wenn ich schlafen müsste. So wie letzte Nacht. Meine Laune war heute Morgen äußerst bescheiden.

Meinen Gatten trifft's leider noch härter, weil er durch Geräusche noch leichter zu wecken ist als ich. Außerdem neigt unsere momentan erkältete Tochter dazu, ihm im Schlaf entweder den Fuß gegen das Nasenbein zu treten oder ihre süße, schnorchelnde Nase in seine Ohrmuschel zu bohren. Fazit: Er ist derjenige, der sich mitten in der Nacht irgendeinen anderen Schlafplatz sucht. Heute Morgen fragte er mich: „Wie können wir *das* bloß ändern?"

Puh, wenn ich das wüsste …

Heute also die brennende Frage: Dürfen Kinder ins Elternbett – oder müssen wir sie verbannen? Und: Sind wir Vollidioten, wenn wir sie reinlassen?

Seit Charlotte in einem Bett ohne Gitter schläft und nachts keine Windel mehr tragen will („Mama, ich bin ein großes Mädchen! Windeln sind für Babys!"), wacht sie – klar! – nachts auf und muss mal. Aus dem Dunkel ihres Zimmers schallt es leise: „Mama, muss Pipi!" Oder sie weint, weil sie rausgeplumpst ist, oder sie jault, weil ihre heiß geliebte Puppe Ditta unauffindbar scheint. Und danach drängt's sie unweigerlich in *unser* Bett.

Manchmal schaffe ich es, sie noch *einmal* zurück in ihr eigenes Bett zu bringen. Doch danach gebe ich auf: ermattet, selbst müde. Ja, sagst Du jetzt, bist Du doch selbst schuld, wenn Du's zulässt und so inkonsequent bist! Genau.

Zum Thema Schlaf gibt es quasi zwei Schulen. Die einen Leute, zu denen z. B. mein Chef gehört, sagen: Kinder gehören in ihr eigenes Bett – und zwar ohne Ausnahme. Diese Eltern begründen das meistens mit dem Argument: Hat uns auch nicht geschadet.

Eigentlich war ich auch dieser Meinung und schlief ruhig und selig – bis Charlotte beschloss, windelmäßig unabhängiger und schlaftechnisch abhängiger zu werden.

Die andere Schule ist der Meinung: Die Mäuse sollen so lange kommen dürfen, wie sie das brauchen.

Was sagen die Experten?

Kinderpsychologen sind der Meinung, der gemeinsame Schlaf sei bis zum dritten Lebensjahr wichtig. Er gebe Sicherheit, Geborgenheit, stärke das Urvertrauen und sorge für ein gesundes Selbstvertrauen. Die Kinder ins Elternbett zu lassen habe rein gar nichts mit Verwöhnen zu tun, sondern mit Notwendigkeit.

Zwei befreundete Mamas haben ihre Ehebetten zu Schlafwiesen gemacht – und um mindestens einen Meter verbreitert. Selbst Angelina Jolie erzählte kürzlich, sie wache morgens auf, vier Kinder lägen bei ihr und Brad Pitt kümmere sich um die Zwillinge. Sie habe keinen Moment für sich …

Und wann hört das auf?

Die meisten Kinder verlassen das Elternbett, wenn sie zur Schule gehen, heißt es. Meine eigene Erinnerung: Ich und mein

Bruder schliefen jede Nacht in unseren eigenen Betten ein – und landeten irgendwann bei Mama und Papa.

Es wird zwischen meinem Mann und mir sicherlich noch tausend Diskussionen über Sinn und Unsinn solcher Nächte geben. Aber als meine Motte mich heute Morgen weckte und happy seufzte, war mir der Faltenwurf rund um meine müden Augen herzlich wurscht.

PS (anderthalb Jahre später)
Vor ein paar Tagen sagte Charlotte zu mir: „Mama, ich will *immer* mit dir einschlafen. Jetzt, wenn ich klein bin, wenn ich schon ein Schulkind bin – und wenn ich noch größer bin. *Immer.*"
Ich: „Bist du sicher?"
Charlotte: „Ja."
Ich: „Charlotte, dann kannst du ja gar nicht bei einer Freundin schlafen, wenn ich immer dabei sein soll!"
Charlotte: „Mama, dann kommst du einfach mit!"

Liebe Christiane,

es ist wahrscheinlich vermessen, sich mit Brad Pitt und Angelina Jolie zu vergleichen, aber es tut einfach zu gut, zu lesen, dass sie regelmäßig nachts zu acht in ihrem Bett liegen. Dieses Bett ist höchstwahrscheinlich eine sündhaft teure, irrsinnig breite Eigenkreation, über die ich am besten gar nicht erst anfange nachzudenken, aber wir haben ja auch *nur* zwei Kinder und nicht sechs!

Mein Schlechte-Laune-Pegel ist auf Rekordniveau angekommen. Zwar schläft Valentina mit ihren fast drei Jahren wie ein Stein, aber unsere Einjährige wacht Nacht für Nacht mehrfach auf und beruhigt sich erst, wenn ich sie mit in unser Bett nehme.

Nachdem ich bereits in Valentinas ersten Jahren alle Schlafratgeber gelesen und dann wegen Kinderfolter aussortiert habe, habe ich nun endlich meine Bibel gefunden: Sie trägt den Namen *Das Familienbett. Geborgenheit statt Isolation* (der Titel sagt eigentlich schon alles).

Immer wenn ich darin lese, fühle ich mich so herrlich bestätigt. Auch Experten sagen, nichts sei in den ersten drei Jahren besser für das Kind, als nahe bei den Eltern zu sein.

Nur: Wie nahe dürfen Eltern ihre Nächte an der Bettkante verbringen? Victoria nimmt von unserem 1,80-Meter-Bett etwa 90 Zentimeter ein. Rechnen wir also nach: bleiben jeweils 45 Zentimeter für Boris und mich. Hinzu kommt, dass wir beide permanent wach sind, denn Victoria rotiert nicht nur wie die Schraube eines Schiffsmotors, sondern verlangt auch gegen 3 Uhr morgens ihre Milch, ruft ohne Grund „Auaaa!" oder repetiert lautstark ihre neu erlernten Wörter: „Mamaaa", „Autooo", „Appel" (Apfel) und „neiii" (nein).

Das Ergebnis: Ich ziehe Nacht für Nacht aus. Manchmal wandere ich aufs Sofa, manchmal auf ein Reisebett, manchmal in den Keller ins Gästezimmer. Ich bin eine moderne Mutter-Schlafnomadin. Ein eigenes Bett besitze ich nicht mehr.

> Ich bin eine moderne Mutter-Nomadin ohne eigenes Bett.

Nun stellt sich natürlich die Frage: Wie blöd bin ich? Auch dieser Frage bin ich lange auf den Grund gegangen und habe herausgefunden: Der Leidensdruck kann noch nicht hoch genug sein, denn sonst hätte ich a) längst etwas gegen die Situation unternommen, und b) würde ich morgens mein neben mir erwachendes Baby nicht so voller Zärtlichkeit angucken. Es ist wohl so, dass es nicht nur Babys in den ersten drei Jahren guttut, bei der Mama zu sein. Auch Mamis scheint es zu beruhigen, wenn sie bei ihren Kindern sind. Zumindest innerlich. Dass man davon nicht besser aussieht, zeigt mir mein täglicher Blick in den Spiegel.

Und heute?

Caroline hat mit ihren beiden inzwischen einen ganz guten Weg gefunden. Die Mädchen schlafen in ihren Betten ein und dürfen nachts zu den Eltern kommen, wenn sie Angst haben. Da das Elternbett für vier zu klein ist, wenn die Großen nicht nur an den Rand gepresst auf den Morgen warten wollen, gibt es im Spielzimmer noch ein Ausweichbett. Darin hat ein Erwachsener mit Kind gut Platz. Valentina sieht die ganze Sache übrigens pragmatisch, seit sie in einem Kinderbuch über Ritterburgen gesehen hat, dass früher die ganze Familie in einem riesigen Bett schlafen ging. „Ist doch viel gemütlicher – und wenn es doch auch die Ritter so machen …"

Christiane ist bei ihren Recherchen auf Experten gestoßen, die die „Wahrung der Intimsphäre des Kindes" im Familienbett gefährdet sehen, weil sich dort die Kleinen nicht frei entwickeln könnten. Sie hält das mittlerweile für Schwachsinn und schwört auf zwei Dinge: den Rat von Müttern, die mehrere Kinder haben und eine glückliche, erfüllte Ehe (also eine Beziehung *mit* Sex) führen, obwohl die Kinder jede Nacht irgendwann ins Ehebett kriechen. Und auf die gelassene Ansicht einer anderen Mama: „Höre auf dein Herz! Warum wollt ihr das gemeinsame Schlafen verhindern? Genießt es doch! Irgendwann wollen sie keinen Körperkontakt mehr, geschweige denn einen Kuss."

Vielleicht bleiben wir einfach zu Hause: Wenn Urlaub zum Stress wird

Liebe Christiane,

die Sommerferien sind da und mit ihnen die immer wieder spannende Frage: Was ist das perfekte Ziel mit kleinen Kindern? Frage ich meine Freundinnen, sind sich alle einig: Bauernhof in Bayern (alternativ auch Österreich) oder eben Urlaub an Nord- beziehungsweise Ostsee. Zum einen ist das nicht so teuer, und zum anderen wollen Kinder sowieso keine tollen Hotels mit Restaurants, in denen sie still am Tisch sitzen müssen.

Meine Töchter (drei und fast zwei) würden am liebsten im Pferdestall essen und anschließend mindestens sechs verschiedene Tierarten streicheln und füttern. Das Einzige, was sie neben Tieren noch interessiert, sind Schwimmbäder.

Leider sind wir uns in dieser Frage nicht alle einig, und so haben wir nun den Kompromiss aller Kompromisse gefunden: Für mich und die Kinder geht es einmal im Jahr in die Berge zu Oma München – Bauernhofurlaub mit allem, was dazugehört. Wenn ich nicht kochen will, gehen wir in den Biergarten und danach direkt in den See. Idylle, Kindheitserinnerung und dazu noch mit Oma. Ein Traum!

Mein Mann dagegen, in Südfrankreich groß geworden, braucht die Hitze und ein paar überlaut zirpende Grillen. Gegen Sonne habe ich als nieselgeschädigte Hamburgerin natürlich ebenfalls gar nichts einzuwenden.

Ohnehin wird es mit dem Verreisen ja erst seit Kurzem etwas einfacher. Weißt Du noch, wie ich noch vor zwei Jahren darüber gestöhnt habe, dass unsere Urlaube damals im Grunde einem Umzug glichen? Windeln, Fläschchen, Breigläschen, Bücher, Kuscheltiere, Lieblingsball, Notfallapotheke – nichts, was nicht mit in den Koffer gemusst hätte. Ein Albtraum für die packende Mami, die ja am Ziel auch alles wieder auspacken musste.

Mit Kleinkind gleicht jeder Urlaub einem Umzug.

Und wenn ich erst an die Flüge denke … Valentinas Teddy sorgte maximal für zehn Minuten Ablenkung. Ihr Lieblingsbuch wurde nach kurzem Lesen unter die Sitzbank vor uns geworfen, sodass ich wegen meiner heulenden Tochter gezwungen war, auf Tauchstation zu gehen. Leider habe ich bis heute nicht gelernt, mich elegant im Flugzeug zu bücken, und so konnte auch der Rest der Sitzreihe die Hälfte meines Pos und meine Unterhose sehen. Das Gesicht meines Mannes sprach Bände: Insgeheim träumte er wohl von sofortiger Trennung.

Heute haben wir das iPad (mit mindestens fünfzehn Kinderfilmen und noch mehr Spielen), ich habe mir überlange T-Shirts besorgt, die mein Hinterteil bedecken, und die Kuscheltiere werden nur ab und zu noch gebraucht. Auf unserem letzten Flug hat man uns sogar richtig gelobt. Selten hätte sie so gut erzogene Kinder gesehen und so eine nette Familie, meinte die Stewardess. Dass mein Mann und ich uns zunächst nicht angesprochen fühlten, hat sie zum Glück gar nicht bemerkt.

Liebe Caroline,

in den Hotels, die wir einst als kinderloses Paar bereisten, waren Kinder als kleine Quälgeister etwa so beliebt wie Scharen von Kakerlaken. Ich wollte Ruhe, Zeit zum Lesen, köstliches Essen und Rundumbetreuung – und, seien wir ehrlich, bloß keinen Kinderlärm …

Heute haben wir andere Bedürfnisse:

1. Wenn man mit einem, zwei oder mehr Kindern verreist, braucht's andere Kinder und die Möglichkeit, ohne Einschränkung Lärm zu machen. Die Folge: Die Kinder sind glücklich, bespaßt und abgelenkt und die Eltern dürfen sich mal für eine halbe Stunde einem Buch oder der Zeitung zuwenden.

2. Keine Bergschluchten, keine steil abfallenden Küsten mit Kieselstrand. Und vor allem: keine Pools ohne Aufsicht oder Kindersicherheitszaun – das bedeutet sonst 24-Stunden-Schwimmflügel-Dauerpflicht!

3. Keine kinderlosen, dauernörgelnden Pärchen, die beim Anblick von unter Zehnjährigen böse zischen wie Darth Vader. (Meiner Erfahrung nach sind das übrigens oft die Golfspieler.) Und auch keine Ruheständler, die entweder keine Enkelchen haben oder übersehen, dass ihre Kinder sich einst auch mal benommen haben wie irre Vandalen. Denn sonst kommen diese Sprüche, die ich nicht mehr hören will: „Haben die ihre kreischende Brut nicht im Griff?" Oder: „Warum laufen diese Schreihälse beim Abendessen rum und können nicht sitzen bleiben?" Und so weiter …

4. Bloß keine Reiseziele, die eine komplizierte, irre lange Anreise mit tierischer Zeitumstellung nötig machen.

Mit Charlotte habe ich in ihren bisherigen drei Lebensjahren bereits nahezu alles erlebt: mehrstündiges Dauergeschrei infolge von Übermüdung, begleitet von Dauerkopfschütteln und unerwünschten „Schsch!"-Kommentaren durch die Mitreisenden. Plötzlich auftretendes Fieber – warum? Keine Ahnung. Eine Tochter, die nicht auf dem Flugzeugsitz zu halten war und die gesamte Maschine (und mich) auf Dauertrab hielt. Ganze Flüge, die ich, von Charlotte vollgekotzt, ohne Wechselklamotten überstehen musste. Ein völlig verzweifeltes Kind, das den Kindersitz hasst und eine mehrstündige Autoreise durch Erbrochenes abrupt beendete. Und und und.

Seit einiger Zeit liebe ich Juist. Es gilt als schönste aller Nordseeinseln, mein Mann war schon als Baby dort, der Strand ist breiter als Reiner Calmunds Hüften und weißer als Heidi Klums Zähne. Ein Traum. Keine Autos (nur Kutschen und Fahrräder), jede Menge Ferienwohnungen und Hotels, ein absolut traumhafter Riesenspielplatz mit Seesand – und *ohne* Hundescheiße. Außerdem gibt es irre viele Familien. Die Folge: Vergisst du Windel oder Sonnenmilch oder was auch immer, irgendeiner in fünf Metern Umkreis schafft Abhilfe.

Auch Charlotte liebt Juist! „Mama, ich will dahin, wo Strand ist, Meer – und wo Würstchen in Limo schwimmen." Sie meint den Kinderschnaps „einen drinnen, einen draußen" in der sehr kinderfreundlichen Kneipe „Köbes".

PS (zwei Jahre später)
Alles wird irgendwann besser und entspannter. Ich schleppe nichts mehr mit außer Charlottes wichtigsten zwei Kuschelaccessoires, die mitsamt Büchern, Malzeug und so weiter in ein kleines Bespaßungsrollköfferchen passen. Die Mitschlepp-Rundumversorgungs-Strategie wirkt auf mich nur noch hysterisch.

Mittlerweile haben wir es gewagt, mit Charlotte nach Australien zu fliegen. Zehn Stunden Zeitumstellung, drei Wochen Auf-

Schwimmen: Großer Spaß und echte Gefahr

Es gibt für kleine Kinder nur einen einzigen zuverlässigen Schutz vor dem Ertrinken:

Als Erwachsener dabei sein, wann immer sie in Wassernähe kommen. *Immer!* Nicht weggehen – noch nicht einmal beim vermeintlich sicheren Baden in der Wanne!

Das hilft ebenfalls, Unfälle zu vermeiden:

- Gute Schwimmhilfen, also z. B. Schwimmflügel, die anständig sitzen und auf Tauglichkeit getestet wurden. Achten Sie beim Kauf auf die Kennzeichnung EN 13138. Sie gibt an, dass die Schwimmhilfe nach der richtigen Sicherheitsnorm geprüft wurde.
- Schwimmen lernen! Ein Schwimmkurs ist bereits im Alter von etwa vier Jahren sinnvoll. Aber auch Kinder, die bereits gut schwimmen können, sollten nie allein gelassen werden.
- Üben, üben, üben! Wenn ein Kind das Seepferdchen gemacht hat, bedeutet es noch nicht, dass es auch sicher schwimmen kann. Ein Schwimmkurs ist unverzichtbar, aber danach heißt es: Immer wieder rein ins Wasser!

enthalt mit Rundreise. Und vor allem: mehr als 24 Stunden An- und Abreise.

Blanker Horror?

Nö, easy.

Wirklich!? Ja. Es klingt wie das Mantra einer Kaschmirsöckchen tragenden Yoga-Susi, aber: Wir haben uns verboten, vorher Panik zu schieben, und die Reise total positiv aufgeladen. „Das wird super!" „Meer, Sonne, Sand!" „Kängurus! Wie toooll…" Und für Charlotte das Allerallerallerbeste: „Du kannst so viele Filme gucken wie noch nie!" Wir haben alle viel geglotzt, zwar wenig geschlafen, waren aber total entspannt. Danach stand allerdings eine Entzugstherapie für Bewegtbild an!

Kindergeburtstag leicht gemacht: Glückliche Kinder und zwei Wracks namens Eltern

Liebe Christiane,

mein Mann und ich sind körperliche und geistige Wracks. Fertig, aber glücklich.

Wir haben nämlich gerade unseren ersten Kindergeburtstag hinter uns gebracht. Valentina ist zwar schon vier Jahre alt, aber irgendwas kam immer dazwischen: Mal war es eine Grippe bei ihr, dann wieder lagen alle Gäste flach, und schließlich erwischte es erneut uns. Im Januar sollte man einfach nicht Geburtstag haben, finde ich. Kinderparty und Winterviren passen nicht zusammen.

Umso verständlicher, dass wir uns diesmal fast schon übertrieben in die Vorbereitung gestürzt haben: In unserem Keller türmten sich seit Wochen Prinzessinnenkronen, Luftballons, Süßigkeiten, Bücher über Kindergeburtstage, dazwischen Konfetti in Herzchenform, Servietten, Becher und Teller mit Prinzessinnen darauf. Der pure Wahnsinn.

Witzigerweise hat keiner von uns beiden jemals angezweifelt, dass das so sein *muss*.

Die Einladungen gingen raus, sechs Stück immerhin, denn meine Rechnung sollte ja dieses Jahr aufgehen: Falls wieder ein paar Kinder krank würden, hätten wir immer noch ein paar Gäste übrig. Dass sie am Ende alle kommen würden, damit hatte ich nicht gerechnet.

Sonntagnachmittag um 15 Uhr sollte es losgehen. Die Stunden vorher waren allerdings kein Spaß mehr. Samstag hatten wir bereits mehrere Kuchen gebacken, was zu Schreianfällen bei der zweijährigen Victoria führte: „Iss will JETZT SOFORT Kuchen, niss erst morgen!"

Sonntag früh kümmerten wir uns um die Tischdekoration. Während mein Mann und ich verzückt vor der Prinzessinnentafel standen, entschied Victoria, jetzt reiche es mit dem ewigen Warten. Sie setzte sich kurz entschlossen an den Tisch, bespeichelte fröhlich *jeden* Becher einmal, riss die Servietten hoch und war kurz davor, alles zu zerstören.

Nach einem mittelschweren Schreianfall ihrer hypernervösen Eltern und dem (absolut nicht empfehlenswerten) Lösungsansatz, den Fernseher anzuschalten, bekamen wir tatsächlich irgendwann alles fertig.

Ab da lief es besser, als wir jemals gedacht hätten. Valentina bekam großartige Geschenke, bedankte sich sogar dafür (was sonst eher selten der Fall ist), und mein Mann gab alles.

Ja, mein Mann.

Denn ich war nur Servicekraft, zuständig für das Aufwischen von verschüttetem Apfelsaft und das Trocknen von Kindertränen. Mein Göttergatte stellte die Kinder einander vor, begann kurz darauf mit einer Schatzsuche und gab danach eine Räuber-Hotzenplotz-Vorstellung (inklusive Zugabe!) mit unserem neuen Kasperletheater.

Erst das Topfschlagen durfte ich dann anleiten, da parallel der HSV auf das Schlimmste gegen Dortmund verlor und er diese Schmach mitbekommen wollte.

Den Eierlauf übernahm dann selbstverständlich wieder er, genau wie den Kindertanz und die Jagd auf den Dinosaurier – einen Dino namens Boris.

Drei Stunden später gingen alle kleinen Gäste glücklich und zufrieden nach Hause.

Nur Valentina heulte und heulte und konnte kaum aufhören. Sie brauchte an diesem Abend noch länger, um wieder zu sich zu kommen. Die Diagnose: völlige Überreizung – eine Art seelischer Glückstrance.

Wir Eltern dagegen fühlten uns sehr, sehr stolz, besonders ich. Sollte mein Mann einmal etwas anderes machen wollen als bisher, könnten wir eine Kindergeburtstagsagentur eröffnen. Dann ist *er* mein Star! Das ist doch was, oder?

Liebe Caroline,

ganz ehrlich – warum drehen *alle* Eltern bei einem Kindergeburtstag dermaßen durch? Das ist doch völlig absurd!

Warum zermartert man sich tagelang das Hirn nach Spielen, Deko, Rezepten?

Warum empfindet man so ein Festchen als Ansporn zu spielerischen Höchstleistungen?

Warum gibt man viel zu viel Geld aus – für drei Stunden?

Warum ist es üblich geworden, dass man den Gästen zum Abschied heutzutage lauter bunte Beutelchen mit kleinen Geschenken in die Hand drückt, die manchmal teurer sind als alles, was das Geburtstagskind bekommt?

Warum gibt es sogar ehrgeizige Mütter, die professionelle Party-Organisatoren engagieren, um den Geburtstag ihres renitenten dreijährigen Würmchens zu einem unvergesslichen Erlebnis werden zu lassen?

Diesem Wahnsinn wollte ich mich verweigern. Eigentlich. Und dann habe ich doch irgendwie mitgespielt …

Charlotte ist gerade vier geworden. Zuerst wurde mit der Familie gefeiert. In Sachen Kindergeburtstag gab meine Tochter klare Anweisungen: „Mama, bitte *nur* Mädchen und *nur* aus dem Kindergarten. Mit Jungs mag ich nicht spielen. Wir sind doch Prinzessinnen."

Nee, ist klar – und Mama darf den Hofnarr geben …

Ich entschied mich für folgendes königliches Menü: einen massenkompatiblen halbfesten Schokokuchen und Butterkekse (beides selbst gebacken), dekoriert mit Smarties und Gummibärchen und Luftballons, einen rosa Prinzessinnenquark mit tiefgefrorenen Himbeeren, dazu Kakao, Bio-Apfelsaft und abends eine selbst gemachte Pizza Margherita. Als Deko dienten Pappteller, Einmalbesteck und Servietten im Prinzessinnen-Design. Die gekauften Krönchen erwiesen sich als schmerzender Schrott (ich muss sie noch umtauschen – elf Euro gespart).

Der Hofnarr (im sonstigen Leben Mama genannt) verlangte vom Vater der Prinzessin: „Du übernimmst die Bespaßung der Meute! Ich Brot, du Spiele."

Mein Mann entschied sich allerdings anders: Er absolvierte eine megaschnelle Schatzsuche und überließ die Kinder danach wieder ihrem Schicksal: „Die spielen so großartig, die brauchen keinen Gottschalk!"

Es stimmte! Die sechs Prinzessinnen bedienten sich an der Verkleidungskiste und an den gefühlten 99 Einhörnern und Pferdchen im Zimmer von Oberprinzessin Charlotte, völlig sich selbst überlassen und happy. Es gab rote Wangen, Geschrei, Gezeter, Versöhnung. War das nun ein Grund für ein schlechtes Gewissen, dass ich zur Unterhaltung nichts weiter beigetragen habe, als zwischendurch – auf speziellen Wunsch von Prinzessin Charlotte – die Gesichter ihrer Freundinnen zu bemalen?

In diesem Moment nicht. Die Gewissensbisse kamen erst beim Kindergeburtstag von Charlottes bester Freundin, die exakt einen Tag jünger ist. Bei ihr gab's auch Schoko-, aber zudem noch Käsekuchen und außerdem ganz, ganz viele Spiele. Und die waren alle so gut, effektiv und günstig, dass ich sie mir gleich fürs nächste Jahr notiert habe.

Charlotte haben übrigens sowohl ihr eigener Geburtstag als auch der ihrer Freundin allerbestens gefallen, ob mit oder ohne Spielmarathon. An beiden Abenden schlief sie mit einer Frage ein, die beweist, wie schön alles gewesen sein muss: „Mama, wann habe ich meinen fünften Geburtstag? Morgen?"

Nein, meine kleine Prinzessin, das dauert noch …

Krankheit und Krücken: Wenn die Mama ausfällt

Liebe Christiane,

was tut man eigentlich, wenn Mami krank wird?

Und ich meine jetzt nicht ein paar Tage Schnupfen, sondern vier oder mehr Wochen *Pause*.

Ich war so doof, mir im Urlaub den Fuß zu brechen. Zwei Wochen bin ich noch rumgehumpelt und dachte, das wird schon, aber das Röntgenbild nach dem Urlaub sprach eine andere Sprache: Mittelfußbruch! Krücken! Absolute Ruhigstellung!

Die Diagnose stürzte mich in eine Fast-Depression. Wie soll man denn bitte mit zwei Kleinkindern ruhig bleiben?

An Tag eins fanden die Kinder das Ganze noch witzig. Die vierjährige Valentina humpelte solidarisch mit, und Victoria mit ihren zwei Jahren nutzte die Chance zum Dauerkuscheln.

Ab Tag zwei häuften sich die Fragen, wann ich denn bitte wieder gesund sei. Meinem Mann stand der Schweiß auf der Stirn, weil er zusätzlich zu seinem 12-Stunden-Jobtag nun noch Kinder anzog, Frühstücksbrote schmierte, Geschirrspülmaschinen ausräumte und meine miese Laune ertragen musste.

Ich saß da und versank in Selbstmitleid. Natürlich ist es das, wovon man eigentlich ewig träumt: 24 Stunden Full Service und ein Mann, der einem auf dem Sofa das Abendessen serviert. Nur dass es sich leider vollkommen beschissen anfühlte …

Morgens, wenn alle aus dem Haus waren, fing ich an zu organisieren. Wer holt wann und wie die Kinder ab? Wo bestelle ich online Essen? Welche Supermärkte liefern? Wie kann ich den Geburtstag meines Mannes vorbereiten? Wie soll es überhaupt vier Wochen so weitergehen? Können meine Kinder auch mal wieder auf einen Spielplatz, oder müssen sie jetzt immer vor mir auf dem Teppich spielen?

Victoria merkte man ihre Verunsicherung deutlich an: Sie blieb *immer* in meiner Nähe, damit nicht noch mal was passieren konnte. Sogar das Töpfchen zum Pipimachen schleppte sie zu mir ans Sofa … Valentina blieb gelassen, verstand aber nicht, warum der normale Service (Kakao, Nachmittagssnack und so weiter) ausblieb.

Meine Lieblingsfrage in dieser Zeit: „Mamaaa, is' jetzt endlich besser?" Und eine Stunde später: „Is' *jetzt* besser?"

Mein Kinderarzt riet mir, Hilfe zu holen. Also rief ich bei der Krankenkasse an. Eine nette Dame erklärte mir, mit zwei Kleinkindern stünde mir tatsächlich Hilfe zu. Dafür müsste ich nun das Formular X an Arzt Y schicken und das Formular Z an die Kasse, aber erst nachdem sie mir Schein A geschickt und der Arzt der Kasse das Attest B gefaxt hätte …

Hä? Sind die wahnsinnig? Wie soll man das hinkriegen, wenn der Fuß gebrochen ist?

Bis die Haushaltshilfe zum ersten Mal erschien, vergingen schließlich zehn (!) Tage. Dann kam sie und wurde nach zwei

Da träumt man von Full Service, und dann fühlt es sich beschissen an.

Tagen krank (wahrscheinlich weil die hundert Kilo Bügelwäsche im Keller sie verschreckt hatten). Ersatz gab es keinen, denn dafür hätte ich ein neues Formular ausfüllen müssen. Und auch dann wäre nicht klar gewesen, ob und wann jemand frei gewesen wäre. Mein wütendes Fazit: Familie und Babysitter müssen einspringen. Außerdem bin ich erfinderisch geworden. Seit Woche vier rutsche ich auf dem Hosenboden die steile Kellertreppe herunter und bügle einbeinig die Wäsche. Brauchen die Kinder ihre Fläschchen, so bringe ich sie ihnen auch auf Krücken mithilfe einer Umhängetasche, und Abendessen gibt es als Picknick auf dem Küchenboden.

Die Kinder finden das toll, und ich übe meditatives Atmen gegen den inneren Stress der Perfektionistin.

Liebe Caroline,

auch wenn Du mir jetzt am liebsten meine Schreibfingerchen abhacken würdest: Wir dürfen nicht jammern, wenn wir mal flach liegen. Weil's nämlich viel schlimmer sein könnte.

Bei uns ist doch fast immer ein Ende der Krankheit absehbar. Wir werden nach Grippe, Durchfall, Beinbruch & Co. wieder gesund und hundertprozentig funktionsfähig. Was sollen, bitteschön, Kinder und Männer machen, deren Mamas beziehungsweise Frauen todkrank in einer Klinik liegen? Und Mütter, die nicht nur zeitweise, sondern vielleicht für immer ausfallen?

Der Freund einer Freundin verlor kürzlich seine Frau. Krebs! Es ging wahnsinnig schnell. Und der Mann steht jetzt da mit zwei kleinen Kindern, denen er erklären muss, dass es ihrer Mama im Himmel besser geht. Er hat einen Job, den er nicht verlieren will, und ist hilflos mit seiner Trauer und der Überforderung… Er geht wirklich durch die Hölle.

Ist ein Ende des Chaos absehbar, müssen wir da durch, alle zusammen, die ganze Familie. Dann geht es halt mal eine Weile drunter und drüber.

Meine Mama lag vor sehr langer Zeit einmal in der Klinik – wir waren noch klein und Papa musste arbeiten. Für meine Mutter war das nicht witzig, und für Papa auch nicht. Aber wir Kinder haben die Situation irgendwie als Riesenabenteuer erlebt. Endlich durften wir dreimal am Tag Butterbrote essen, ohne Grünzeug und auf dem Sofa!

Hilfe, Mama krank! Die Rechtslage

- Wenn ein Elternteil bei der Kinderbetreuung ausfällt, dürfen die Partner unbezahlten Urlaub nehmen. Die Krankenkassen gleichen den Verdienstausfall bis zu einer gewissen Höhe (je nach Kasse unterschiedlich) aus. Aber – ganz ehrlich: Arbeitgeber haben für eine solche Notlage selten Verständnis, auch wenn sie das vorgeben.
- Eine Haushaltshilfe gibt's – theoretisch – auch. Die Krankenkasse klärt auf, was man für den Antrag genau benötigt.
- Auch Angehörige und Bekannte können für ihre Hilfe bei Haushalt und Kinderbetreuung eine Vergütung in angemessener Höhe bekommen, höchstens jedoch 64 Euro am Tag. Meist liegt der Satz je nach Krankenkasse zwischen fünf und acht Euro pro Stunde.

Ich habe mir auch abgeschminkt, mich zu schämen, weil ich andere um Hilfe bitten muss: Oma, Opa, Nachbarin, Kindergartenmutti, Kollegin. Nur keine Scheu! Die meisten unterstützen einen gerne. Es ist ein Wunder, wie hilfsbereit die Umwelt sein kann. Und ich, die ich liebend gerne koche und in einer unaufgeräumten Umgebung nervös werde, pfeife plötzlich auf die Krümelfriedhöfe unter dem Tisch. In solchen Notfällen ist Messietum keine Schande.

Vor allem eins habe ich gelernt: bloß den Mann, dieses possierliche, haushaltsuntüchtige Wesen, voll mit einspannen! Mein

Gatte kann super Spiegeleier braten – und die schmecken notfalls auch drei Tage hintereinander. Und infolge seiner harten Lehrzeit, als Mama damals in der Klinik lag, bügelt mein Papa heute besser als meine Mutter.

Und heute?

Christiane hatte das große Glück, bisher nur ein einziges Mal einen Totalausfall erleben zu müssen. Der allerdings machte sie 24 Stunden lang vollkommen bewegungsunfähig: Norovirus mit hohem Fieber. Sie sah nur einen Ausweg: Sie schloss sich und ihre damals einjährige Tochter in der Wohnung ein, zog den Schlüssel ab und legte sich in Reichweite von WC, Waschbecken und Zahnbürste auf den Boden. Und dann betete sie, dass es schnell vorbeiginge. Zum Glück hatte der liebe Gott ein Einsehen!

Carolines Humpel-und-Krücken-Drama dauerte insgesamt zwölf Wochen. Ab Woche sechs trat sie entgegen allen Ratschlägen mit dem Gipsfuß wieder auf und übernahm den Haushalt. Alle waren erleichtert – sie selbst am allermeisten. Dafür schmerzt der Fuß bis heute etwas. Jedenfalls hat sich Caroline geschworen, sich nie wieder auf die Krankenkasse zu verlassen. Als sie das nächste Mal mit Grippe im Bett lag, übernahmen Oma, Opa und Tante Steffi. Die Kinder vermissten ihre Mama nicht mal, weil sie tagtäglich so viele tolle Dinge unternehmen durften. Und nach vier Tagen im Bett war die Patientin wieder auf den Beinen: glücklich, so viel Hilfe zu haben!

Hilfe, wo ist unser Leben hin?

Eins stellten wir fest, sobald wir Mütter waren: *Ich* gibt's nicht mehr, nur noch *wir*.

Heute hat keine von uns mehr die Zeit, sich um sich selbst und ihr großes Ego zu kümmern. Wir fühlen uns müde, grau, faltig und zu dick (oder zu schlaff). Wir zetern zu viel, motzen wie die Marktweiber, kritisieren und schimpfen. Streit mit den Männern, die wir eigentlich lieben, ist an der Tagesordnung.

Mit anderen Worten: Aus zwei Frauen wurden zwei Mamis! Aber: Wir wollen uns nicht nur um unsere drei Töchter kümmern, sondern auch um uns und unseren Körper. Und wir möchten gut gelaunte Ehefrauen sein, die Spaß am Sex und am Leben haben.

Leichter wird das alles nicht, wenn dazu auch noch wichtige Lebensentscheidungen getroffen werden wollen. Caroline beschloss nach einem kurzen Ausflug zurück in den Job, drei Jahre lang mehr oder weniger Vollzeitmutter zu sein, um erst danach wieder langsam in den Beruf einzusteigen. Christiane dagegen arbeitete fast voll, seit Charlotte zwölf Monate alt wurde.

Trotz unterschiedlicher Belastungen und Lebenswege haben wir exakt die gleichen Probleme. Unser Fazit nach sechs Jahren Kleinkindphase, in der wir uns intensiv und über alles ausgetauscht haben, lautet daher ziemlich ähnlich:

Die Unterstützung durch Babysitter oder Oma kann uns manchmal mit uns selbst und unseren Kerlen versöhnen. Unsere neue Glücksformel: Zeit zu zweit und Zeit allein ist überlebenswichtig!

Zu wenig Paar(ungs)-Zeit:
Wenn Babys die Liebe strapazieren

Liebe Caroline,

warum habe ich mich in den knapp zwei Jahren seit der Geburt von Charlotte so verändert? Hat unser Baby mich entsexualisiert? Statt Rock trage ich nur noch Jeans oder irgendeine Hose, an der ich mir unbemerkt die Finger abwischen kann. Meine heiß geliebten High Heels habe ich in den letzten Winkel des Schrankes verbannt und gegen flache Latschen eingetauscht, mit denen ich durch jeden Sandkasten komme – das allerdings bei ständig schlechter Laune.

Warum merke ich manchmal erst am späten Abend, dass ich nicht ein einziges Mal in den Spiegel geguckt habe, dass Charlottes Zahnpasta an meiner Bluse und ihre Pasta-Pesto-Reste hinter meinem Ohr kleben – und dass ich meinen Mann nicht ein einziges Mal geküsst habe? Ich vernachlässige mich und meinen Gatten zugunsten der Zaubermotte und werde dadurch zu einem unerotischen und hysterischen Aas.

Bin diese Nervensäge wirklich ich? Ja. Leider.

Warum das so ist? Keine Ahnung. Es kam einfach so. Manchmal glaube ich, dass ich den Perfektionismus, den ich zuvor im Job ausgelebt habe, jetzt auf Kind und Haushalt richte. Womit ich kläglich scheitere, denn mit Kind ist nix wirklich planbar.

Als Folge führe ich mich manchmal auf wie eine Furie – zum Leidwesen meines Mannes. Nie zuvor habe ich ihn derartig wegen Nichtigkeiten angeherrscht und ständig genörgelt: „Tu dies – mach das – aber bitteschön nur *so* …"

Noch nie war ich so müde und fühlte mich so unsexy. Ich drehe mich im Bett oft einfach um, statt meinem Mann vor dem Einschlafen noch einen Kuss (geschweige denn andere Zärtlichkeiten) zu schenken.

Der arme Kerl muss richtig leiden. Und ich und unsere Paar(ungs)-Zeit leiden auch. Sex – welcher Sex? Ich glaube, ich sprenge jede Statistik. Eigentlich ein Wunder, dass mein Kerl das mitmacht…

Das kleine, lebendige Etwas in unserem Leben bedeutet völlig ungeahntes Konfliktpotenzial. Plötzlich ist es da – und alles dreht sich nur noch um dieses hilflose, pupsende, futternde, entzückende Wesen. Und auch später, wenn es immer noch pupst, aber außerdem rennt, redet und einen bisweilen zur Weißglut treibt, ist das nicht wirklich anders.

Von wegen „Himmel voller Geigen"! Wer glaubt, wir Eltern schwebten pausenlos auf Wölkchen und lebten seit der Geburt der Kinder in einer rosa oder hellblauen oder kunterbunten Welt, dem kann ich nur sagen: Blödsinn! Es gibt zu wenig Zeit und zu viel Zoff. Davor warnt einen vorher niemand: weder die eigene Mama noch die beste Freundin oder der heiß geliebte Trauzeuge. Es geht um neue Verantwortung, neue Sorgen, neue Ängste – und den ganz alltäglichen Mann-Frau-Wahnsinn.

Was ist die Lösung? Bei mir funktioniert (wenn ich dazu komme) Sport – also das, was mein Mann völlig selbstverständlich für sein inneres und äußeres Gleichgewicht tut. Acht Monate nach der Geburt habe ich begonnen zu laufen. 19 Monate nach der Geburt habe ich mit Yoga angefangen – mit freundlicher Genehmigung meines Herrn und Gebieters, der sich in dieser Zeit um Charlotte kümmert.

Für eine bis anderthalb Stunden verabschiede ich mich in eine schweißtreibende Welt ohne Handy, Babyfon und imaginäre Nabelschnur. Ich bin dann wieder nur *ich* und schwitze, keuche, komme runter. Ich fühle mich wohler in mir und mit mir. Das entspannt mich und lässt die Nervensäge in mir sanfter werden. Ich fühle mich straffer (auch wenn ich's nicht bin) – und ja, auch irgendwie wieder ein bisschen sexy.

Das tut auch der Zweisamkeit gut. Lust entsteht für mich nämlich nur dann, wenn ich Lust und Spaß an mir selbst habe, mich also mag. Es ist reine Einstellungssache!

Liebe Christiane,

eigentlich geht es bei uns gerade drunter und drüber, aber Deine Mail musste und wollte ich einfach beantworten. Denn – oh Wunder! – Victoria, unsere Zweite, ist jetzt knapp fünf Wochen alt, und Boris und ich haben uns noch nicht *einmal* gestritten. Und das, obwohl ich im Unterschied zu Dir keinen Sport treibe.

Ich wusste gar nicht mehr, dass das überhaupt geht – nicht streiten. Schließlich haben wir nach der Geburt von Valentina über jede Milchflasche diskutiert. Ich habe permanent herumgenörgelt, und mein Mann konnte anfangen, was er wollte: Nichts war in meinen Augen gut genug. Es sei denn, er hat haargenau getan, was *ich* wollte.

Unser aktuelle Harmonie-Gleichung heißt: zwei Kleinkinder + Umzug + Renovierung des neuen Hauses = Chaos pur. Wenn nämlich gar keine Zeit mehr zum Nachdenken bleibt (also wirklich *keine*), dann bleibt auch keine Zeit zum Nörgeln, Kritisieren und Streiten. Wir sind von morgens bis abends und nachts auf den Beinen – und zwar mit *klarer* Arbeitsteilung.

Mein Mann übernimmt, wann immer er kann, die Große; ich das Baby. Wir haben uns auf die gruseligsten aller miesen Stimmungen gefasst gemacht. Stattdessen finden wir uns regelmäßig in Lachkrämpfen wieder, wenn eine Situation so grotesk anstrengend geworden ist, dass wir gar nicht mehr anders können als zu lachen, weil die Alternative nur Durchdrehen heißt.

> Statt mieser Stimmung gibt's regelmäßig Lachkrämpfe, weil alles so grotesk anstrengend ist.

Zum Beispiel neulich in einem Gartencenter. Schon im Vorfeld war mir leicht mulmig bei dem Gedanken, mit zwei Kindern unter zwei Jahren Terrassenmöbel auszusuchen. Aber mein Mann und ich dachten: Was soll schon passieren? Kaum hatte ich mir die erste Gartenliege angesehen, lief Victorias Windel über: Nicht nur an den Beinöffnungen quoll es heraus, sondern auch oben am Bodykragen. Parallel dazu war auch Valentinas Windel voll. Ich stellte mit Entsetzen fest, das ich für die Große keine Windel mitgenommen hatte. Also musste eine Schwimmwindel herhalten, die wahrscheinlich schon Monate im Auto gelegen hatte. Inzwischen schrien allerdings beide Kinder so laut, dass man hätte denken können, wir seien nicht die Eltern, sondern skrupellose Kindsentführer.

Also verschoben wir das Projekt Terrassenmöbel und flüchteten auf den Parkplatz eines benachbarten McDonald's. Dort durfte ich dann mein vor Hunger schreiendes Baby im Auto eingezwängt stillen, während Papa Boris nach einer 30-Sekunden-Anti-Stress-Cola eine gefühlte Ewigkeit mit Valentina bei der Rutsche bleiben musste.

Früher hätte all das definitiv einen Grund für Riesenzoff zwischen uns abgegeben. Diesmal war es nichts als ein Anlass, gemeinsam zu lachen.

Ein zweites Kind ist anstrengend. Und je kleiner der Altersunterschied zwischen den beiden, desto anstrengender wird die Situation. Wir sind mit einer Anderthalbjährigen und einem fünf Wochen alten Baby ganz schön gefordert. Aber: Es schult auch ziemlich in Gelassenheit.

Unser neu bezogenes Haus sieht aus wie ein Schlachtfeld. Ich habe jeden Tag das Gleiche an, und Schlaf ist zum Fremdwort geworden. Wir wissen, es geht vorbei, und das beruhigt uns. Jetzt schon träumen wir davon, nächstes Jahr alleine wegzufahren. Bis dahin müssen die High Heels eben im Schrank warten. Mein Mann liebt mich auch so.

Und er? Er ist mein Held des Alltags. Denn ohne ihn würde ich das alles nicht schaffen. Als ich mit Victoria aus dem Krankenhaus kam, hatte er die Wohnung penibelst aufgeräumt. Meine Lieblingsspeisen standen im Kühlschrank, und Valentina sah aus wie aus dem Ei gepellt.

Seitdem schafft er es, sich irgendwie zwischen seinem Job und uns dreien aufzuteilen. Kaum ein Mann in meinem Freundeskreis engagiert sich so stark für seine Kinder wie er, und ich habe den Eindruck, er tut es auch noch gern. Haben wir also dazugelernt? Haben uns die Kinder beigebracht, uns nicht mit Unwichtigem aufzuhalten? Wir werden es sehen – in ein paar Jahren…

Und heute?

Ist der Streit in Carolines Leben zurückgekehrt. Sie und ihr Mann streiten sich, weil sich die Kinder streiten oder weil sie als Eltern – wie so viele Paare – verschiedene Erziehungsansätze verfolgen. Aber wenn es hart auf hart kommt, denken sie daran, was sie bereits gemeinsam geschafft haben. Die wichtigste Lehre daraus: Gemeinsame Zeit ist nötig, aber noch viel entscheidender ist es, ab und zu auch mal nur an sich selbst zu denken. Diese Auszeiten nehmen sie sich jetzt nach Möglichkeit. Danach kommen sie befreit nach Hause, freuen sich auf die Familie – und sind gestärkt für die nächsten Schlechte-Laune-Tage.

Auch Christiane und Bernd haben irgendwann konkret darüber gesprochen, wie sich ihre Beziehung verändert hat, seit die Zweisamkeit zur Dreisamkeit geworden ist. Sie sind sich einig: Nur Mama und Papa zu sein, das reicht auf Dauer nicht. Wichtig ist, sich immer wieder daran zu erinnern, dass sie auch Frau und Mann bleiben. Sonst verlieren sie sich als Paar, und damit geht auch der Sex flöten. Und das wollen sie verhindern!

Sonnenschein mit Wolkenflecken: Auch Mütter haben ein Recht auf schlechte Laune

Liebe Caroline,

gestern war mal wieder einer dieser Tage. Ich wachte – viel zu früh – auf, schaute nackt in den Spiegel und stellte fest, dass mein ganzer Körper von fiesen Quaddeln übersät war. „Ekkeligg" (um mit der zweijährigen Charlotte zu sprechen) und juckend. Ich fühlte mich müde und hässlich.

In diesem Augenblick baute sich der Tag vor mir auf wie ein Berg: Mein Kind hustet schon wieder (wann soll ich bloß mit der Motte zum Arzt gehen?), ich bin offenbar von einer Medikamentenallergie heimgesucht (und wann passt ein Arzttermin für mich in den Terminkalender? Versuche ich es erst mal mit Selbstmedikation?), der Mann ist nicht zu Hause, das Kind weigert sich trotz der Minusgrade draußen, eine Hose anzuziehen (schaffen wir es noch rechtzeitig zur Kita?), und ich muss einen Flug erreichen. Außerdem bekommt Charlotte vier Backenzähne, was aus diesem entzückenden Wesen bisweilen ein kleines Kotzbröckchen macht.

„MAAAMA, schmuse!"

Ja, und wer nimmt mich in den Arm? Und küsst mich wieder frisch und fröhlich?

Mein Mann (der selbstverständlich nur mein Bestes will) deutet stattdessen an, ich könne ja vielleicht mal meine drei (er behauptet: fünf) Winterkilos herunterjoggen. Dabei will ich abends nur eines: erschöpft aufs Sofa sinken und mich an Karamellschokolade festhalten.

Es gibt Tage, an denen es mich zur Verzweiflung treibt, ewig die gut gelaunte, lässige, kluge, hübsch zurechtgemachte Mama und Journalistin geben zu müssen, die auch mit 42 selbstverständlich fit und faltenfrei ist. In mir sieht es genauso kalt, grau und winterlich bäh aus wie draußen. Gleichzeitig habe ich das Gefühl, von lauter widerlich gut gelaunten Müttern umgeben zu sein, bei denen offenbar alles eitel Sonnenschein ist.

Früher, als es mein Zuckerwürmchen Charlotte noch nicht gab, habe ich mir in solchen Fällen einen Ich-Tag gegönnt: ausschlafen, im Bett ein Lieblingsbuch schmökern, lange duschen, zur Mani-, Pedi-, Sonstwasküre gehen, dazu ein bisschen leichtes Shopping und und und …

Heute? Pustekuchen. Den letzten Ich-Tag habe ich mir zwischen letztem Arbeitstag und Niederkunft genommen. Schließlich will man für solche Ego-Maßnahmen nicht unbedingt das

Und wer nimmt mich in den Arm?

hart erarbeitete Netzwerk aus Omi, Kita, Babysitter und Ehemann strapazieren. Ich wette, diesen Zwiespalt kennt jede Mama, es sei denn, sie hat die Kinderbetreuung komplett weggedelegiert. Oder sie lügt sich selbst und ihre Umwelt an.

Mütter müssen ein Recht haben dürfen auf Scheißlaune! Dazu gehört dann auch, dass man mal sein Kind anherrscht. Ich bin kein fleischgewordenes OM, sondern eine hart arbeitende Mutter mit Kind, die sich manchmal fühlt wie eine Alleinerziehende mit Mann. Da kann ich nicht pausenlos nur nett sein. Und will's auch nicht.

Was also kann in solchen Situationen Abhilfe schaffen?

Ich gelobe hiermit feierlich: Am Wochenende könnt ihr mich mal! Dann nehme ich mir zwei oder drei Ich-Stunden – und Papa muss ran. Wenn der nicht will, übernimmt hoffentlich die Oma; und falls die auch nicht kann, dann verschiebe ich die Aktion halt auf die Stunden, wenn alle schlafen! Jedenfalls mache ich dann Augen und Ohren zu und tauche in der Badewanne ab. Allein mit mir und einem Buch … aaah!

Die Welt wird ohne mich nicht untergehen. Aber das muss ich vermutlich erst mal selbst begreifen.

Liebe Christiane,

wer hat eigentlich den Satz geprägt „Wenn meine Kinder glücklich sind, bin ich es auch"? Im Grunde müsste er genau andersherum lauten, denn mit *meiner* Stimmung steht und fällt unser Launebarometer zu Hause. Stehe ich morgens auf und bin müde, genervt und aggressiv, dann sind es meine Kinder (Valentina, 2 Jahre, Victoria, 6 Monate) innerhalb kürzester Zeit auch.

Aber warum müssen Mütter eigentlich immer gut drauf sein? Seit der Geburt von Valentina fühle ich mich ständig gedrängt, zu sagen, *wie* glücklich wir sind. Hin und wieder sage ich einmal die Wahrheit: „Ja, wir sind glücklich, aber auch müde und ziemlich oft schlecht gelaunt." Aber dann bricht sofort ein Sturm der Entrüstung los: „Ihr wolltet das doch! Ihr habt euch nichts sehnlicher gewünscht, und jetzt habt ihr zwei gesunde Kinder. Da gibt's doch nichts zu jammern!" Und so weiter, und so fort. Natürlich haben diejenigen, die so reden, recht. Aber als Rezept gegen meine miese Stimmung hilft mir das auch nicht weiter.

Nur mal so als Beispiel für einen SLT (Schlechte-Laune-Tag): Heute Nacht gegen 22:45 Uhr (ja, da schlafe ich inzwischen schon lange) wacht mein krankes Baby auf. Victoria hat pünktlich zur Taufe am Sonntag hohes Fieber bekommen und inzwischen die halbe Verwandtschaft angesteckt. Heute Nacht gegen, sagen wir, 22:47 Uhr (also zwei Minuten, nachdem sie mich noch freundlich angelächelt hat), spuckt sie mich in hohem Bogen voll. Aha! Nun also auch noch Magen-Darm.

Mama versucht, ruhig zu bleiben. Zieht das Baby um, zieht sich selbst um, deckt Laken mit Handtüchern ab und beschließt nun, vielleicht doch weiterzuschlafen. Das Baby allerdings hat das Spucken und Umziehen mit Aufstehen verwechselt und will nun spielen. Jedes Mal, wenn ich versuche, Victoria im Dunkeln in den Schlaf zu wiegen, schreit sie wie am Spieß. Stunden später hole ich meinen Mann zur Hilfe, der aktuell auf dem Schlafsofa im Babyzimmer geparkt ist – also dort, wo Victoria heute *nicht* schläft. Er, ganz Gentleman, bietet mir das Sofa an: „Schlaf, meine Süße, jetzt bin ich dran."

Zehn Minuten später ruft es aus dem Zimmer der Größeren: „Mama!" Ich gehe rüber, binde Teddys Schleife neu, fülle eine Flasche mit Wasser auf. Wenig später erneut: „Mamaaa!" Valentina ist aufgeregt. Weil das Baby im Schlafzimmer bei Papa weint, beschließt sie: Das kann sie auch.

Also lege ich mich schließlich neben sie in ihr 1,40 Meter langes Bett. 38 Zentimeter Füße und Schienbeine der müden Mama ragen irgendwo nach draußen in die Kälte. Jedes Mal, wenn ich mich endlich aufs Sofa zurückflüchten will, schreit Valentina los. Ich bin zu müde für Erziehungsversuche und friere, bis Valentina um sechs die Nacht endgültig für beendet erklärt.

Dank Valentinas Geschrei ist nun auch das Baby wach. Ich nehme Victoria aus ihrem Bett, gebe ihr etwas zu trinken und lasse Papa schlafen. Schließlich hat er mir ja die Nacht abgenommen. Wenig später werde ich wieder von ihr vollgespuckt. Sie weint und ist unglücklich. Valentina weint und ist ebenfalls unglücklich – allerdings deshalb, weil sie gerne das „Kikaninchen" gucken möchte.

Gegen 7:30 Uhr erscheint der Papa auf der Bildfläche und wundert sich: Weshalb ist seine Frau nur permanent so schlecht gelaunt? Dabei hat er ihr doch sogar das Schlafsofa überlassen! Und warum ist sie nass? Wieso liegen volle Windeln auf dem Boden? Und weshalb gibt es kein Frühstück?

Für Antworten bin ich zu müde. Mein Fazit: durch solche Tage muss man durch. Idealerweise trifft man während eines SLT möglichst wenige Menschen. Und: Es ist wichtig, den Partner für seine Hilfe zu loben, auch wenn sich dadurch die Situation nur minimal verbessert hat. Ansonsten greife ich auf Schokolade und Kaffee als Dopingmittel zurück und hüpfe so früh es geht ins Bett – in dem Vertrauen, dass der nächste Tag besser wird.

Mein Bauch, ein Familienkissen: Der Kampf gegen die Mama-Pfunde

Liebe Caroline,

gestern Abend, kurz vor Heia: Charlotte (2) und ich toben auf dem Sofa herum, kitzeln, kichern und machen Quatsch. Ich war so unendlich entspannt, dass ich meinen Bauch (Konsistenz: irgendwo zwischen fauler Tomate und gegrilltem Marshmallow) mal *nicht* einzog. Meine Tochter tauchte in diese große, bewegte Masse ein. Und rief laut: „Dicke Mama, schmusen!"

Neiiin!

Ich schiebe Frust. Der Sommer naht. Es gibt keinen Bikini, der *das* zähmt. Mein Körper befindet sich noch immer im Weihnachten-zu-viel-Marzipan-gegessen-Zustand. Oberhalb meiner Hüftjeans zeigt er üppig unschönes Hüftgold: weiß, weich – und weichen will es auch nicht.

Warum?

Letzten Herbst hatte ich längst wieder in den besten Laufmodus zurückgefunden. Mindestens zweimal die Woche rennen. Dazu Yoga. Mein Spiegelbild begann wieder meinem Ich zu entsprechen. Dann kam dieser laaange Winter – und mit ihm lauter elende Infektionen. Diesmal war nicht mein Kind dauerkrank, sondern *ich*. Schnupfen, Husten, sonst was. Fazit: Ich habe fast keinen Sport getrieben – dafür umso mehr Trost-Naschen …

Ja, ich fühle mich zu *dick*. Und untrainiert. Und unzufrieden. Warum akzeptiere ich diesen Zustand nicht, sondern glaube mich mit Heidi Klum nach vier Kindern vergleichen zu müssen? Wer außer mir selbst diktiert mir, wie ich aussehen muss? Eigentlich … ist meine Bauchrolle im Moment doch eher kuschlig. Außerdem mag ich mich doch!

Ich muss mir endlich diese Jammerei abgewöhnen. Und das Etwas im Spiegel noch ein bisschen mehr lieben lernen.

Ein Genussverbot jedenfalls bringt gar nix, denn etwas Süßes kann irre befriedigend sein! Ein lauwarmes, halb flüssiges Schokotörtchen fühlt sich mitunter so wunderbar sündhaft an wie außerehelicher Sex.

Nur ohne schlechtes Gewissen.

Wer außer mir diktiert mir, wie ich aussehen muss?

Liebe Christiane,

neun Monate kommt er, neun Monate geht er, der Bauch. Wie oft habe ich diesen Satz schon von meiner Hebamme gehört! Beruhigen konnte sie mich damit leider nicht eine Sekunde lang. Victoria ist inzwischen fast neun Monate alt, und auf meiner Waage bewegt sich – *nichts*.

Nach Valentinas Geburt purzelten die Pfunde nur so. Ich stillte und stillte, und schon nach vier Monaten sah ich schlanker aus als vorher. Nie werde ich den Abend vergessen, an dem ich auf einer Veranstaltung war und mich alle darauf ansprachen, was für eine tolle Figur ich doch hätte! Damals wusste nur ich, dass in dieser „tollen Figur" schon Baby Nummer 2 heranwuchs.

Und jetzt? Morgen für Morgen verkündet meine Waage vier bis fünf Kilos zu viel, und ich sehe aus wie Biene Maja: dünne Arme, dünne Beine, dicker Bauch.

Neun Monate kommt der Bauch, neun Monate geht er.

Liegestütze, oder das seitliche Hüftheben. Solches Training ist mit einer Gymnastikmatte überall möglich.

Wie kann frau dieses Programm konkret durch Ernährung unterstützen?
Durch ballaststoffreiche Ernährung, wenig weißes Mehl, lieber Vollkorn. Auf Zucker weitestgehend verzichten! Grüne Gemüsesäfte als Kur trinken! Damit der Basenhaushalt wieder stimmt, möglichst wenig Alkohol.

Auf was sollte ich ganz verzichten – und auf was auf gar keinen Fall?
Bitte: Man sollte sich nicht kasteien, sondern das Ganze als Give and Take, Geben und Nehmen betrachten. Sport und Ernährung sollte man nicht als Zwang sehen, sondern als Notwendigkeit, die Spaß macht. Man muss sich auch einmal etwas gönnen, sich dafür dann aber auch Zeit nehmen und es genießen.

www.barbara-becker.com

Zugegeben, den ganzen Winter über habe ich *nichts* ausgelassen: Schokolade, Schweinebraten, Kekse, Wein. Aber wie sonst soll man die ständige Müdigkeit auch bekämpfen? Selbst die langen Spaziergänge, die ich nach Valentinas Geburt gemacht habe, sind ausgefallen. Mit zwei Kindern und Doppelbuggy übers Eis? Konnte man diesen Winter vergessen.

Aber nun ist Frühling, der Sommer naht, und meine Bikinifigur reicht höchstens für einen dieser Bodyshape-Fett-weg-Badeanzüge. Die Zeit drängt, und ich bin ratlos, wie ich es bis zu unserem nächsten Urlaub anstellen soll, wieder eine „normale" Figur zu bekommen.

Sport habe ich nie getrieben. Diät ist undenkbar in meinem Leben, das sich zu mehr als 80 Prozent ums Essen dreht... Also vielleicht einfach so bleiben und lieber die Waage wegwerfen?

Leider sieht das meine ältere Tochter offenbar kritischer als ich. Neulich lag ich gemütlich im Nachthemd auf dem Sofa, als sie mich neugierig ansah und fragte: „Oh, Mama, dicker Bauch! Da Baby drin?"

Worauf mein liebreizender Gatte sagte: „Schatz, das ist doch nicht so schlimm. Sollten wir mal in Seenot geraten, kannst du mit deinem Schwimmring wenigstens nicht untergehen!"

Ich hab ihm diese unfassbare Frechheit zwar verziehen, überlege allerdings ernsthaft, ihn einmal auf *seine* Extrapfunde hinzuweisen, die er sich erstaunlicherweise ganz ohne Schwangerschaften angefressen hat.

Neulich fand ich übrigens einen Kommentar von Barbara Schöneberger, die in einem Interview äußerte, Heidi Klum sei unser aller schlechtes Gewissen – oder wir würden verarscht. Sie jedenfalls könne sich nicht erklären, wie man das hinbekommen solle: Kinder auf die Welt bringen, sie lange stillen, dabei eine Megafigur behalten und dann auch noch arbeiten.

Irgendwie fand ich diesen Gedanken ganz beruhigend.

Achtung, Zoff! Wenn die Großen vor den Kleinen streiten

Liebe Caroline,

ich hasse Streit. Ich bin ein harmoniesüchtiges Etwas. Aber Streit ist unausweichlich.

Seit unsere Tochter auf der Welt ist, gibt's bei uns sogar mehr Zoff als früher. Viel mehr Zoff! Weil wir weniger schlafen, weniger Zeit für uns haben, weniger Platz im Bett und insgesamt einen deutlich höheren Stresslevel haben, platzt mir und meinem Mann schneller der Kragen. Wir streiten laut, unentspannt, ja, sogar manchmal völlig ungerechtfertigt. So, dass man sich nach einer Stunde selbst schämt.

Nur stellt sich uns natürlich die Frage: Wie sehr leidet unsere Kleine, wenn wir Großen uns einmal Schimpfworte um die Ohren hauen? Eigentlich bin ich der Meinung: Wut befreit! Sie muss raus! Schlucke ich meinen Frust klaglos runter, dann gehe ich ein. Oder ich bekomme noch miesere Laune... Neue Studien sagen allerdings, von Kleinkindern solle man elterlichen Streit fernhalten. Mann, wie soll das denn funktionieren? Das ist so leicht gesagt!

Ich weiß noch haargenau, wie mein Papa mal im Zorn einen Teller mit Spinat gegen die weiße Wand pfefferte. Meine Mama schloss sich daraufhin im Badezimmer ein und weinte – bis sie mich hineinließ und ganz fest in den Arm nahm. Ein paar Minuten später versöhnten sich die zwei. Geschadet hat es mir nicht. Aber es ist mir trotzdem ins Gedächtnis eingebrannt.

Heute sind meine Eltern fast fünfzig Jahre verheiratet – und zwar glücklich. Sie küssen sich, halten verliebt Händchen, können nicht ohneeinander. Allerdings auch nicht ohne Streit...

Mit meinem Mann und mir läuft auch alles bestens. Bis auf ein bis sieben Zoffs pro Woche. Mein Mann findet, ich korrigiere ihn zu häufig und quatsche ihm zu sehr rein, wenn's um Charlotte geht. *Ich* glaube, er müsse mich mehr unterstützen. Und so weiter, und so fort. Also der ganz alltägliche Wahnsinn.

Charlotte spürt mit ihren zwei Jahren sehr genau, wenn zwischen ihren Eltern dicke Luft herrscht. Wenn mein Mann seine Stimme erhebt, ruft sie laut und unmissverständlich: „Papa, nicht sauer sein!"

Vor ein paar Wochen rannte sie einfach aus der Wohnungstür, um dort zu bleiben. Es dauerte nur ein paar Sekunden, bis wir uns reumütig anguckten und sofort aufhörten, uns zu streiten.

Kinder sind empathische Wesen. Sie wollen trösten, wenn jemand weint. Umarmen, wenn jemand traurig guckt. Sie spüren Gefühlsregungen und Spannungen sehr genau. Uns sind ihre empfindlichen Sensoren längst abhandengekommen.

Also: Muss ich mein Kind fernhalten von Zwist? Darf ich streiten? Oder muss ich meine Wut für den Abend aufsparen, wenn die Motte im Bett ist? Was aber tun, wenn's brodelt? Ich bin der festen Überzeugung: Kinder können auch in dicker Luft bestens atmen! Sie müssen Streit kennenlernen, weil er unvermeidbar ist. Leider gehört er zum Leben – genau wie Gummibärchen und KiKa-Gucken.

Wenn es allerdings nur noch Zoff gibt, ist das für Kinder *und* Eltern gleichermaßen schrecklich. Neben der dicken gehört auch die frische Luft dazu: Für uns drei ist das *Ende* des Streits am allerwichtigsten. Wir sehen zu, dass wir uns wieder versöhnen, damit die dicke Luft nicht unnötig lange im Raum stehen bleibt. Es gibt kaum etwas Schöneres als einen Kuss nach richtig heftigem Zoff.

Doch – wenn mich meine Tochter mit ihren kleinen Ärmchen schraubstockartig umklammert: „Mama, nicht mehr böse sein. Ist doch nicht schlimm."

Stimmt, mein Schatz. Morgen ist alles wieder gut …

Liebe Christiane,

ein ernstes Thema, aber zum Glück auch eins, das gelegentlich für einen Lacher gut ist. Bei aller Empathie vertut sich unsere Große mit ihren zwei Jahren nämlich manchmal mit der Einschätzung der Lage.

Gestern beim Abendessen beispielsweise. Da war eigentlich *ich* die Zickige, die Streit anzetteln wollte. Dummerweise wurde aber mein Mann laut, und das ist etwas, das Valentina niemandem verzeiht. Sofort schrie sie: „AUFHÖREN, Papa! Nicht ssimpfen. Arme Mama."

Mein Mann guckte ziemlich komisch verzweifelt, die danebensitzende Münchner Oma lachte sich schlapp, und Valentina verstand gar nichts mehr. Die abschließende Frage ihrerseits: „Alles gut?"

Ja, alles gut. Valentina hat zwei leidenschaftliche Elternteile und muss mühsam lernen, dass lautes Sprechen nicht immer Streiten bedeutet (genauso wenig wie leises Sprechen umgekehrt Frieden). Wir geben uns Mühe, uns vor ihr zurückzuhalten, aber wie soll das immer gelingen? Wir sind ja auch keine Engel.

In der Theorie wissen wir natürlich, wie wir uns zu verhalten haben. *Kein* Streit vor den Kindern, und schon gar keine schlimmen Vorwürfe. Ist ein Elternteil mit den Erziehungsmaßnahmen des anderen nicht einverstanden, muss derjenige die Klappe halten. Die Auseinandersetzung darüber muss warten bis abends, wenn beide Kinder im Bett sind.

In der Praxis sieht es allerdings so aus, dass ich in einem solchen Fall keine drei Sekunden warten kann. Ich kann mich einfach nicht zurückhalten. Meinen Mann treibt das zur Weißglut. Natürlich will ich nicht, dass die Kinder denken, ich sei gegen ihn. Bin ich ja auch nicht. Nur habe ich auch nicht per Hochzeit beschlossen, *alles* gut zu finden, was er sagt und macht.

Im schlimmsten Fall sehen mich die Kinder auch weinen, weil ich leider zu den Frauen gehöre, die nach einem Streit so ihren Stress loswerden. Natürlich versuche ich wegzugehen oder die beiden von mir abzulenken, aber wenn die Große doch mal nachfragt, versuche ich zumindest zu erklären, was mit mir los ist.

Zum Glück zwingen einen Kinder ja dazu, eine Krise schnell zu beenden. Früher wäre ich rausgerannt und erst Stunden später beleidigt wiedergekommen. Heute muss der Streit vom Tisch, damit unser Nachwuchs nicht verunsichert wird.

Außerdem habe ich den beiden erklärt, dass derjenige, der schreit, nicht immer im Unrecht ist – und wer weint, nicht immer Mitleid verdient. Valentina hat das inzwischen verstanden.

Zum Glück zwingen einen Kinder dazu, eine Krise schnell zu beenden.

Schlechtes Gewissen garantiert: Zurück in den Job oder nicht?

Liebe Caroline,

ich frage mich immer, warum so viele „working mums" sich und ihre Umwelt anschwindeln: „Ach, das ist alles easy ..."

Meine Welt jedenfalls sieht keineswegs rosarot und himmelblau aus, sondern grau und schwarz und manchmal tränennass. Mama zu sein *und* zu arbeiten bedeutet, zwei Jobs zu haben und sich entsprechend zweiteilen zu müssen.

Letzte Woche wurde Charlotte krank (ein Husten-Fieber-Virus), und ich musste und wollte arbeiten. Sie weinte und schrie: „Mama, geh nicht aaarbeiten!"

Omi sprang ein, und ich saß auf dem Weg ins Büro mit inkontinenten Augen im Auto und dachte: Was bist du nur für eine miese Mama?

Diese Woche: heftiger Ehestreit. Alles drehte sich um Stress und darum, dass wir kaum noch Zeit füreinander haben. Zudem behauptet mein Mann, ich hätte mir einen richtigen Befehlston angeeignet, um in kürzester Zeit noch mehr zu schaffen ...

Das ist die eine Seite. Auf der anderen Seite gibt es Erlebnisse wie das mit der Kollegin, die mich kurz nach dem Wiedereinstieg in den Job doch tatsächlich eines Tages um 18 Uhr fragte: „Na, gehst du *schon wieder* so früh? Zum Baby, was?"

Am liebsten hätte ich geschrien: „Du Schnepfe!"

Ich bin im Büro umzingelt von Kinderlosen. Glücklicherweise hat wenigstens mein Chef vier Kinder. Trotzdem: Verständnis sollte man als Mutter *nie* erwarten. Besser ist es, auch in den schwierigsten Zwiespalt-Situationen stets eine machbare Lösung parat zu haben.

Seit ich Mama bin, heule ich zwar manchmal bei „Lauras Stern", bin aber ansonsten härter im Nehmen und viel organisierter geworden. Unangenehmes schiebe ich nicht mehr auf, was meinem Job sehr zugute kommt.

Dabei weiß ich, dass ich immer noch gut dran bin, so schwierig sich der ständige Spagat auch oft gestaltet. Wir beide, liebe Caroline, jammern auf hohem Niveau. Die Fakten zum Thema Doppelbelastung sprechen nämlich eine ganz schön harte Sprache:

- Jede zweite Frau hat ihre beruflichen Pläne wegen der Familie aufgegeben oder musste sie ändern. Heute arbeiten 67 Prozent aller Frauen, die ein minderjähriges Kind haben. In Vollzeit arbeitet jede zweite Mama mit einem Kind unter 15 – zumindest im Osten Deutschlands. Im Westen ist es nur jede vierte.
- Mehr als die Hälfte dieser Mütter *müssen* arbeiten, da sie sich hauptsächlich über das eigene Gehalt finanzieren. Allerdings verdienen sie pro Stunde 24 Prozent weniger als Männer. Bei den Alleinerziehenden sind fast 38 Prozent armutsgefährdet, so das Statistische Bundesamt.
- 90 Prozent der Deutschen glauben, es läge vor allem an Familie und Kindern, dass Frauen in Beruf und Gesellschaft benachteiligt sind.
- 96 Prozent der Mütter in Deutschland wollen nicht komplett auf ihren Job verzichten.
- Was hat sich verändert, seit es die Elternzeit gibt? Weniger als die Hälfte der Mütter kehrte in Voll- oder Teilzeit an ihren Arbeitsplatz zurück. 12 Prozent haben ihn komplett verlassen, 40 Prozent haben ein zweites Kind bekommen.

Ich liebe meinen Job – und meine Unabhängigkeit! Ich will und kann nicht ohne. Ohne beides wäre ich eine Mama mit unerfüllter Sehnsucht. Aber ich bin nicht mehr wie früher in einer Führungsposition tätig, habe also meinem Kind zuliebe im Beruf einen Schritt zurück getan.

Ohne meine Eltern, meinen Mann, zwei Babysitter und eine Kita mit relativ flexiblen Betreuungszeiten wäre ich aufgeschmissen. Denn wann immer Charlotte betreut wird, schläft oder sonstwie beschäftigt ist, nutze ich die Zeit, um zu telefonieren, im Netz herumzusurfen oder fernzusehen – alles für den Job. Aber seit meine Tochter auf der Welt ist, gibt es auch jemanden, der mir noch viel wichtiger ist als mein Job. Und ich will, dass meine Motte das auch täglich spürt.

PS: Den bösen Virus hat übrigens jetzt meine Mama. Das heißt: Ich muss wieder neu organisieren. Omi, werd bitte schnell gesund!

Liebe Christiane,

bin ich eine unmoderne Frau? Diese Frage lasse ich mir gerade oft und gerne durch den Kopf gehen, denn es hat mich eine ganz schön lange Zeit gekostet, sie überhaupt zuzulassen.

Nachdem ich bereits neun Monate wieder beim NDR moderiert hatte, bin ich zurück in die Elternzeit gegangen. Der große Plan „Kind und Karriere" ist bei mir nicht aufgegangen. Immer und immer wieder habe ich mich gefragt, was Heidi Klum, Ursula von der Leyen oder du anders machen. Seid ihr tapferer? Braucht ihr weniger Schlaf? Liebt ihr euren Job mehr als ich?

Als ich mit Valentina schwanger wurde, war mir von Anfang an klar, dass ich nach sechs Monaten wieder arbeiten würde. Damals ahnte ich allerdings nichts davon, dass ich so schnell noch eine Nummer 2 bekommen würde. Aber selbst nach der Geburt von Victoria hätte ich niemals abschätzen können, wie sehr ich nach dem Wiedereinstieg in den Job selbst unter dem Zwiespalt zwischen Familie und Beruf leiden würde.

Zwei Kleinstkinder zu Hause zu lassen bedeutete nicht nur äußeres, sondern auch inneres Chaos. Immer, wenn ich im Job war, dachte ich an meine Kinder. Ich dachte an all die Bücher, die ich ihnen jetzt vorlesen könnte, die Turnstunde, die wir versäumten, die Fortschritte, die sie nun mit anderen machten. War ich zu Hause, wünschte ich mich in die Redaktion, zu all diesen Menschen, die nicht sabberten, spuckten und schon lange nicht mehr in die Windeln machten.

Richtig schwierig wurde es immer dann, wenn etwas aus dem Ruder lief. Wurde eines der Kinder krank und schrie nach Mama, wurde es mir fast unmöglich, meine Live-Sendungen zu moderieren. Ich *wollte* zu Hause sein und nicht im Job. Ich *wollte* keinen Babysitter, der sich um meine kranke Brut kümmerte. Und ich konnte mich einfach nicht genug konzentrieren, um meinen alten Ansprüchen gerecht zu werden.

Abends raste ich heim – unter den missmutigen Blicken meiner Kollegen, denen in der täglichen Nach-Sendungs-Konferenz mein Blick auf die Uhr ziemlich auf die Nerven ging. Mit Recht natürlich. Noch vor drei Jahren hätte ich selbst über solche Mamis gelästert: „Sollen sie doch zu Hause bleiben, wenn ihnen ihre Kinder so fehlen!"

Mein Mann wunderte sich über meine schlechte Laune, und ich konnte sie ihm nicht einmal erklären. Dass ich keine Antwort für mein Problem wusste, machte mich sprachlos.

Weder fühlte ich mich als gute Mami noch als gute Ehefrau – dafür war ich zu müde. Obwohl ich früher eigentlich immer gut und gerne gekocht hatte, gab es an Arbeitstagen nur noch Bestellservice oder Bolognese. Und als Moderatorin kam ich mir irgendwie überfordert vor.

Irgendwann fasste ich mir ein Herz und ging zu meinem Chef. Der Wunsch, der Situation erst einmal ein Ende zu machen, war übermächtig – aber die Angst davor, als unprofessionell zu gelten, war beinahe noch größer. Doch mein Chef reagierte gelassen. Er sei sich sicher, sagte er mir, dass er und seine Frau bis heute nur so glücklich seien, weil sie ihm all die Jahre den Rücken freigehalten hätte.

Also: Back to the roots? Frauen wieder an den Herd? Nein! Ich glaube, es gibt da noch etwas zwischen den beiden Extremen „arbeitende Frau" und „Heimchen am Herd".

Ich persönlich habe mir erst einmal einen Moment Freiheit geschaffen. Jetzt kann ich einmal in Ruhe durchatmen und mir sagen: Du hast Großes geleistet. In zwei Jahren hast du zwei Kinder zur Welt gebracht, und beide sind noch sehr klein. Sei stolz auf dich, lächle

Sei stolz auf dich und lächle!

wieder (dann freut sich auch dein Mann) und genieße die zurück-
gewonnene Zeit. Wenn du dich dazu bereit fühlst (oder ihr pleite seid), kannst
du immer noch in den Job zurückkehren. Im schlimmsten Fall
arbeitest du dann eben nicht mehr als Moderatorin, sondern als
schreibende Mama, die stolz auf ihre Karriere und ihre zwei Kinder blickt.

Trotzdem gibt es da immer wieder diese Momente … Neulich fuhr ich mit Valentina morgens zum Kindergarten und kam
dabei am NDR vorbei, meinem ehemaligen Arbeitgeber. Voller
Stolz rief Valentina: „Hey Mami, da arbeitest du!"

Und Mama murmelte: „Ja, meine Süße, da arbeitet Mami …
irgendwann wieder."

Und heute?

Valentina ist inzwischen fast sechs, Victoria vier. Caroline
schreibt dieses Buch hier – und arbeitet auch an anderen Projek-
ten, aber eben nicht in einem festen Angestelltenverhältnis. Eigentlich ideal. Doch manchmal leidet sie darunter, nicht Fisch und
nicht Fleisch zu sein.

Zum Beispiel in Situationen wie dieser:

Die übermüdete Valentina weint, als sie in den Kindergarten
gebracht wird. Als Caroline erklärt, sie müsse arbeiten und könne
ihre Tochter daher leider nicht einfach wieder mit nach Hause
nehmen, bemerkt ein fünfjähriges Mädchen: „Oh, arme Valentina!
Meine Mama arbeitet nicht. Die nimmt mich immer mit, wenn es
mir nicht gut geht."

In solchen Momenten wird Caroline bewusst, dass die arbeiten-
den Mamis sie zwar als Hausfrau betrachten, die Hausfrauen allerdings als Berufstätige.

Und Christiane? Die hat ein ganz anderes Problem: Ihr Arbeitgeber ist der festen Überzeugung, sie sollte für den Job in eine
andere Stadt umziehen – trotz Kind. Christiane versucht, die richtige Entscheidung zu treffen. Für die Familie, ihren Job und sich.

Zeit fürs Ich: Mamas müssen auch mal egoistisch sein

Liebe Caroline,

heute gibt's Selbstmitleid! Uneingeschränkt, überschäumend.

Warum? Darum: Manchmal glaube ich, dass ich in den letzten drei Jahren etwas aus den Augen verloren habe – *mich* nämlich! Meinen gesunden Egoismus, meine Ich-Tage und meine Freude daran, mich selbst gelegentlich so richtig nach Strich und Faden zu verwöhnen und allein auszugehen.

Nicht falsch verstehen: Ich weiß, dass das zum Mamasein dazugehört. Aber manchmal hat es eben auch sichtbare Folgen.

Heute Morgen zum Beispiel: Charlotte wacht neben mir auf. Nach einer miesen Nacht mit Albträumen und schlimmem Husten jault sie: „Mamaaa, Hunger! Bitteee …"

Ich jage in die Küche. Wir setzen uns kurz zusammen in unseren Lieblingssessel.

Dann: Mein Mann. Auch er jault: „Christiane!"

Ich renne zu ihm: „Schatz, was ist?"

Er: „Hast du nicht gemerkt, dass ich mich die ganze Nacht übergeben musste?"

Nein, ich habe versucht, das zu überhören. Aber gut: Ich tröste. Koche Kamillentee, Brühe, arrangiere Salzstangen in einem hübschen Glas, fülle eine Wärmflasche.

Und was ist mit mir? Meine Tochter, die mir zärtlich die Füße in Gesicht und Rücken gebohrt hat, und die Geräuschkulisse aus Husten und Würgen haben mich gerade mal knapp drei Stunden mit Unterbrechung schlafen lassen. Ich fühle mich also, als wäre mir ein Lkw durch den Kopf gefahren. Den Kaffee habe ich mir trotzdem heute Morgen ohne Murren selbst gekocht …

Ich habe mich zu einer Art Ein-Frau-THW entwickelt. Immer im Einsatz, nie rastend, ständig rettend.

Der weitere Verlauf des heutigen Morgens: im Turbotempo zur Kita, kurz zurück nach Hause, schnell die Handwerker reinlassen und über drei gelbe Ampeln ab ins Büro. Der Blick in den Auto-spiegel zeigt mir ein ungeschminktes Gesicht, lang nicht mehr gezupfte Augenbrauen, spröde Lippen, müde Augen hinter Brillengläsern, auf denen ein Schmierfilm liegt, angegraute Haare und einen undefinierbaren Schmuddelschleim auf der linken Schulter des schwarzen Rollis. Als ich den Blick nach unten wandern lasse, fallen mir die schmutzigen und selbstverständlich ungefeilten Fingernägel und eine winzige Laufmasche in der Strumpfhose auf.

Du Kuddelmuddelschmuddelwesen da im Spiegel, wer bist du? Doch nicht etwa ich?

Das kann nicht sein. Achte ich denn so wenig auf mich? Ja! Brauche ich mal wieder ein bisschen Zeit nur für mich? Ja! Ja! Ja!

Wie kommt es bloß, dass ich Mamas so oft als blasse, gehetzte, bisweilen sogar freudlose Wesen mit grauen Strähnen erlebe, die wirken, als wären sie irgendwie unglücklich mit sich selbst? Und ich – warum versuche ich alles um mich herum, also Haushalt, Job, Kind, nahezu perfekt zu gestalten, und verwende auf mich selbst überhaupt keine Sorgfalt mehr?

Der Grund ist schlicht: null Zeit!

Ja, ich liebe meine Tochter über alles. Aber wir Mütter müssen lernen, uns irgendwo etwas Zeit abzuknapsen. Ganz bewusst. Mit richtigem Egoismus. Und wenn's nur 10 Minuten sind – für Bauch-weg-Übungen, eine Komplett-Aufhübschung, einen kleinen Frischluftkick, rote Gute-Laune-Fingernägel oder einfach die Chance, mal in Ruhe bei einem Kaffee die Zeitung zu lesen.

Nur: Wie soll das gehen? Vom elektronischen Babysitter halte ich gar nichts. Ich will Charlotte nicht vor dem Fernseher ruhigstellen, damit ich Zeit habe, auch wenn ich weiß, dass es funktionieren würde. Eine Freundin erzählte mir kürzlich: „Wenn wir nicht ‚Lauras Stern‘ auf DVD hätten, dann gäbe es bei uns niemals Sex." Ich dachte nur: „Oh Backe!"

Wir Mütter müssen lernen, uns etwas Zeit abzuknapsen.

Also muss der Papa ran, oder aber die heiß geliebte Omi, zur Not auch der Babysitter. Denn wenn wir Mamas mit gestärktem Ego und frischer Gelassenheit aus einer Mini-Ich-Auszeit zurückkehren, haben alle etwas davon. Nicht zuletzt der Papa, der sich darüber freut, wenn ihm seine Holde abends entspannt einen Kuss auf den Mund drückt.

Liebe Christiane,

Ego? Was ist das denn? Haben wir das nicht damals an der Tür des Kreißsaals abgegeben?

Na ja, ganz so schlimm ist es vielleicht nicht, aber mir wird trotzdem ständig bewusst, wie wenig Zeit man eigentlich als Mutter noch für sich hat.

Gerade erst haben wir Skiurlaub gemacht. Unser Traum, nach über drei Jahren mal wieder gemeinsam die Hänge hinabzuwedeln, zerplatzte allerdings schon an Tag 2. Victoria (1 Jahr) hatte sich von der Schweinegrippe noch nicht erholt und kränkelte müde vor sich hin, Valentina (3 Jahre) wollte weder Ski fahren noch in den Kinderclub gehen. Also saß ich bei strahlendem Sonnenschein im Keller eines Skihotels und schaute meinen Kindern beim Spielen zu. Draußen glitten glückliche Paare durch den Schnee, drinnen spielten die Kinder in ihrer Clubhöhle. Der Nachwuchs zumindest war zufrieden.

Am Nachmittag kehrte mein Mann von den Pisten zurück und fragte mich: „Schatz, willst du nicht auch mal etwas Zeit für dich haben?"

Stellt mir jemand heute so eine Frage, keimt seit Neuestem Panik in mir auf. Wie eine Verhungernde angesichts eines üppigen Büfetts weiß ich nicht, wonach ich zuerst greifen soll: ein Buch lesen? Schwimmen? Eine Massage? Oder einfach nur schlafen?

Am Ende fand ich mich im Bad wieder – eingesperrt, damit die Minis mal nicht mit reinkommen. Ich hatte mich für das Einfachste entschieden: die Badewanne (sogar mit TV, wow!).

Denn zumindest für eins ist ein verhungertes Ego gut: Ich will gar nichts Großes mehr, keine langen Wochenenden, keine Massagen. Eigentlich will ich nur mal in Ruhe mehr als zehn Seiten lesen, mit meiner Mutter telefonieren oder in einer Badewanne liegen und träumen (natürlich nur ganz kurz). Wie schwierig sich das einmal gestalten würde, hätte ich mir vor den Kindern nie vorstellen können.

Wenn mein Mann und ich früher aus dem Urlaub kamen, hingen wir am Tag der Rückreise meistens gemütlich zu Hause rum und freuten uns an unseren Urlaubserinnerungen. Diesmal dagegen gönnten wir uns: Zeit zu zweit! Wir buchten am Nachmittag unsere Babysitterin und schlichen davon: ganz einfach in unser Lieblingsrestaurant. Dort versackten wir gemütlich und konnten gar nicht fassen, wie schön so ein Nachmittag in Hamburg sein kann.

Denn auch das Ego meines Mannes kommt zu kurz. Wenn er am Wochenende frei hat, sind die Kitas geschlossen, und Mami sehnt sich nach Papas Hilfe. Ergo müssen ihm fünf Minuten statt zwei Stunden Klavierspiel reichen. Das samstägliche Fußballgucken artet gerne in eine Diskussion mit Valentina aus („Papa, Nils Holgersson ist doch viel witziger!"). Und mal eben in die Sauna zu gehen kann er meist auch vergessen, weil ich vor Neid erblasse und wir seinen Wunsch dann erst einmal gründlich ausdiskutieren müssen.

Die Sache mit dem Ego ist also nicht ganz so einfach. Allerdings birgt die heutige Situation durchaus auch Vorteile. Früher war ich so sehr mit mir beschäftigt, dass mir eigentlich permanent etwas wehtat. Ich gehörte zur Kategorie der Hyper-Hypochonder, denen vor lauter Zeitüberschuss ständig eine neue Krankheit einfällt. Das war ziemlich anstrengend.

Keine Psychotherapie hätte mir so gut helfen können wie meine Kinder. Seit ich Mutter bin, habe ich keine Zeit mehr, um nachzudenken, und definitiv zu wenig Zeit, um zu jammern – zumal es sowieso niemand hören will.

Krümel und Korrekturwahn:
Mütter in der Perfektionsfalle

Liebe Caroline,

ich bin ekelhaft ungeduldig – geworden. Ich bin extrem unentspannt – geworden. Ich bin unheimlich nervig – geworden. Außerdem weiß ich grundsätzlich alles besser. (Das war allerdings früher schon so.)

Am liebsten wäre ich sowohl die perfekte Mutter als auch die perfekte Mitarbeiterin und die perfekte Gattin. Aber genau das sollte ich wohl lieber sein lassen. Denn mit diesem Anspruch an mich selbst scheitere ich ständig – und werde dadurch für die (zweit)wichtigste Person in meinem Leben, meinen Mann nämlich, zur wenig liebenswerten Partnerin.

Ich gehe meinem Schatz auf den Keks, weil er in besonderem Maße von meinem Perfektionswahn betroffen ist. Mir fehlt die Gelassenheit angesichts tieffliegender Drecksocken, mitten in der Küche herumstehender Schuhe oder nicht weggeräumten Frühstücksgeschirrs. (Soll sich das vielleicht selbst in die Spülmaschine stellen?) Es gelingt mir einfach nicht, dabei cool zu bleiben. Jeden Tag maßregle ich Bernd und quatsche ihm rein. Darauf reagiert er äußerst empfindlich.

Früher, vor Charlotte, als ich noch fast jede Woche sechs und mehr Tage arbeitete und selten zu Hause war, ließ ich lockerer. Ich konnte (und musste) mich entspannen: einfach mal hinsetzen und loslassen. Herrlich verantwortungslose Zeiten! Damals kam mir ein drei Tage altes, vor sich hin gammelndes Leberwurstbrot, das der Gatte irgendwo vergessen hatte, noch nicht vor wie der drohende Weltuntergang.

Jetzt ist da gar nichts mehr locker. Heute morgen fragte mein Mann Charlotte: „Süße, möchtest du ein Brot für die Kita?"

Und ich hatte nichts Besseres zu tun, als ihn sofort zu korrigieren: „Kindergarten! Sie geht jetzt in den Kindergarten. Und ein paar Tomaten dazu, bitte."

Mein Mann sah mich an, als hätte ich ihn geohrfeigt. Recht hatte er. Ich habe verlernt, in gewissen Momenten zu schweigen. Das ist eine grassierende Mutti-Krankheit, ein böser Besserwisser-Virus. Was soll dieses permanente Rumkorrigieren? Warum kann ich nicht aus meiner Haut? Warum muss ich ständig kritisieren? Warum will ich *alles* perfekt machen, herumräumen, aufhübschen? Wann begreife ich endlich, dass es überhaupt nicht erstrebenswert ist, eine Super-Mutti zu sein?

Es ist nicht erstrebenswert, eine Super-Mutti zu sein.

Noch viel weniger möchte sich mein Mann in Super-Mutti Nummer 2 verwandeln. Und ich sollte mich mal daran erinnern, dass ich zu Prä-Mutti-Zeiten weder so war noch jemals so werden wollte – nämlich hysterisch statt cool. Eine grauenerregende Entwicklung.

Warum wollen Mamas perfekt sein und machen sich selbst damit das Leben so schwer?

Um der Frage auf den Grund zu gehen, was mich so unerträglich macht, habe ich meinen Mann interviewt. Hier seine Antworten:

1. „Die Grenzen zwischen Ehemann und Auftragnehmer sind ein bisschen sehr stark verrutscht – nämlich in Richtung Auftragnehmer."

2. „Das permanente Korrigieren selbst kleinster Formulierungen treibt mich an den Rand des Wahnsinns."

3. „Du gibst mir das Gefühl, eine Beziehung auch ohne mich gut führen zu können."

4. „Lass mich etwas mehr in Ruhe und halt einfach manchmal den Mund. Dann mache ich sowieso das, was du willst. Und mit einer kleinen Portion Freundlichkeit bin ich Wachs in deinen Händen."

Hmpf. Das musste ich erst mal sacken lassen. Nachdem ich aber kurz darüber nachgedacht hatte, habe ich aus dem Gesagten für mich ein paar Konsequenzen gezogen:

1. Ich erspare mir Stress, wenn ich meinem Kerl keinen Ärger mache. Und Stress ist neben mangelnder Bewegung, Rauchen und Übergewicht die Hauptursache für gesundheitliche Probleme. Immer weniger Männer bekommen einen Herzinfarkt – stattdessen immer mehr Frauen. Ich will keinen Herzinfarkt!
2. Eine Scheidung will ich schon gar nicht. Nahezu jede zweite Ehe wird inzwischen geschieden. Also sollte ich mich etwas am Riemen reißen.
3. Mehr schweigen und weniger quasseln ist nicht das Gegenteil von Emanzipation.
4. Ein Krümel ist kein Weltuntergang!
5. Ein ausgeglichener Gatte lässt sich – mit Charme und Kuss – viel leichter zum Mülleimer treiben.

Im Übrigen übernimmt neuerdings Charlotte: „Papaaa! Sind das deine Socken auf dem Sofa?" Hihi!

Liebe Christiane,

wenn mein Mann abends heimkommt, schnappt schon nach wenigen Sekunden die Perfektionsfalle zu. Kaum hat er nämlich das Haus betreten, höre ich mich schon rufen: „Schuhe aus!" Räumt er sie dann nicht sofort weg, knie ich theatralisch auf dem Boden, um sie *sofort* ins Schuhregal zu stellen. In acht von zehn Fällen hängt er danach sein Jackett über einen der Stühle am Esszimmertisch – erntet dafür von seiner zutiefst genervten Ehefrau einen strafenden Blick. „Das ist keine Garderobe, das ist unser Esstisch", pflaume ich ihn an. Eine Begrüßung, wie sie charmanter nicht ausfallen könnte …

Das Wohnzimmer sieht zu diesem Zeitpunkt aus, als wäre gerade ein Putzkommando durchgewirbelt. Kaum hat unser Spielbesuch am Nachmittag das Haus verlassen, hole ich den Staubsauger raus, um Krümel wegzusaugen, rücke Vasen zurecht und stecke Stifte in ihre Schachteln zurück. Der Glastisch wird von Schmierstreifen befreit, die herumliegenden Spielzeuge schleppe ich ins Kinderzimmer. Valentina und Victoria dürfen sich quasi nicht mehr bewegen, andernfalls hole ich den Staubsauger auch gerne noch ein zweites oder drittes Mal raus.

Seit wir Kinder haben, rackere ich mich doppelt ab, damit alles wie zu Zeiten unseres Double-Income-no-Kids-Lebens aussieht: Blumen auf dem Tisch, ein krümelfreier Boden, gemachte Betten. Nur: Für wen tue ich das eigentlich? Den Kindern ist es egal. Mein Mann wäre auch mit der Hälfte zufrieden und vor allem viel glücklicher, wenn ich ihn nicht permanent wegen meines Perfektionswahns anschnauzen würde.

Zugegeben: Meine Ordnungsliebe war auch früher nicht ohne. Ich habe immer gern weggeräumt und geputzt. Aber mit zwei Kindern hat das Züge angenommen, die mich schon selbst zum Lachen bringen. Mein Lieblingsbild von mir ist das, wie ich *unterm* Esstisch herumkrabble und mit Schaufel und Besen die Krümel auffege – mindestens fünfmal am Tag. Am lautesten lacht darüber Oma München. Aber mal ehrlich: Von wem habe ich diesen Putzfimmel wohl, wenn nicht von meiner Mutter?

Jeden Samstagmorgen wurde früher der Staubsauger rausgeholt und die Wohnung auf Hochglanz gebracht. Nach dem Saugen trauten meine Schwester und ich uns nur noch mit dicken Socken über den Teppich, damit keine Fußspuren die gute Laune meiner Mutter ruinierten. Sie war wie ich: Äußere Ordnung machte sie glücklich.

Nur so kann ich mir meine Aufräumhysterie erklären. Wenn schon um mich herum das Chaos tobt, brauche ich zumindest Ordnung. Und ein bisschen dazugelernt habe ich ja schon. Am Anfang habe ich viermal am Tag sauber gemacht. Das habe ich inzwischen auf einmal reduziert – kurz bevor mein Mann nach Hause kommt. Zu diesem Zeitpunkt habe ich mich dann auch von der reichlich verschwitzten Supermami in die wohlriechende Gattin verwandelt.

Dass dieser clevere Plan nicht immer aufgeht, hätte ich eigentlich wissen können. Neulich kam mein Mann nämlich einfach früher nach Hause – ohne Bescheid zu sagen! Das Mami-Putz-kommando war noch nicht im Einsatz gewesen, und Haus und Bewohner sahen so aus, wie das eben nach einem Tag mit Kindern normal ist.

In diesem Moment schlug *sein* Perfektionismus durch: Innerhalb von fünf Minuten hatten wir gemeinsam alles aufgeräumt. Die Kinder wurden in die Badewanne gesteckt, und ich durfte duschen gehen.

Hat er toll hingekriegt, mein Supermann. Allerdings ist er seitdem nie wieder ohne Ankündigung früher heimgekommen.

Und heute?

Inzwischen sind wir beide viel gelassener geworden. Caroline versucht nicht mehr, ständig perfekt auszusehen. Aufräumen gibt es auch nicht mehr: Man kann nämlich Kindern, die aus dem Krabbelalter heraus sind, nicht ab einem bestimmten Zeitpunkt einfach das Spielen verbieten. Die Wertigkeiten haben sich zum Glück verschoben. Das Einzige, was Caroline immer noch sehr beruhigt, ist Staubsaugen.

Christiane hat immer wieder Phasen, in denen sie mit ihrem Anspruch an sich und ihr Umfeld scheitert. Aber wie wir von den Kleinen wissen: Phasen kommen, und sie gehen auch wieder …

Wenn aus Seelenbalsam Wahnsinn wird: Shopping mit Kind

Liebe Caroline,

es gibt Momente im Mama-Kind-Leben, in denen man sich den Nachwuchs für einige Sekunden auf den Mond wünscht. Beim Shopping zum Beispiel!

Einst, als kinderloses Wesen, schlenderte ich zur Entspannung gerne mal an Schaufenstern vorbei. So ohne Grund, ohne Kaufzwang, aber mit Gucklust. Ich schaute mir It-Bags an, turmhohe

High Heels, Kleidchen, die mir niemals passen würden – guckte, fasste an, wollte haben ... Herrlich war das! Wie Urlaub für die weibliche Seele.

Als Mama kann ich mir solche Touren abschminken – zumindest mit Kind. Eigentlich. Letzten Samstag zog ich trotzdem mit Charlotte los. Ich hatte meinem Gatten erklärt, ich müsse „unbedingt *jetzt*, nein, nicht erst im Herbst" eine Daunenwinterjacke haben. Sie seien sonst „sicherlich" ausverkauft. Nach drei Diskussionen sah er die dringende Notwendigkeit ein.

Als wir, Mama und Kind, das erste Geschäft ansteuerten, ahnte ich Schreckliches. Schließlich hatte Charlotte genau diesen Laden bereits früher einmal innerhalb weniger Minuten in eine chaotische Spielwiese verwandelt – äh, verwüstet. Die Verkäuferinnen hatten damals ziemlich säuerlich geguckt.

Und diesmal? Es wurde traumhaft! Wir begaben uns in den ersten Stock, was schon einmal den Vorteil hatte, dass ich nicht aus den Augenwinkeln die offene Ladentür zur viel befahrenen Hauptstraße im Blick behalten musste. Stattdessen erblickte Charlotte das Plasma-TV und fragte den Verkäufer: „Duhuu, hast du KiKa, bitte? Darf ich Schuhe ausziehen?"

Der Herr, selbst Familienpapa, bot meiner Maus einen Platz auf dem gemütlichen Sofa an, Gummibärchen und Maoam inklusive. Sie entledigte sich ihrer Sandalen, legte sich hin, stand dann noch mal auf, holte sich Puppe und Wasserflasche aus meiner Handtasche und machte es sich richtig gemütlich. *Und zwar eine halbe Stunde lang!* Unterdessen trank ich in aller Ruhe ein Wasser, einen Espresso – und tätä! – bin jetzt im Besitz einer neuen Superjacke!

Leider sind solche Erlebnisse die Ausnahme. Deshalb bin ich inzwischen zur passionierten Onlineshopperin geworden. Im Internet verfolge ich die Trends, und dort bestelle ich Bücher, meine Klamotten und vor allem alles Notwendige und Unnötige für meine Tochter. Wenn alle schlafen, setze ich mich entspannt vor mein Laptop ...

Liebe Christiane,

den Begriff „Shoppen" habe ich in den vergangenen drei Jahren aus meinem Wortschatz gestrichen. Es ist einfach zu frustrierend, schweißüberströmt in einem Laden zu stehen, während ein Kind weint und das andere eine volle Windel hat. Am Ende nehme ich immer das mit nach Hause, was ich gar nicht wollte – einfach nur, um die Verkäuferin glücklich zu machen, die sich so viel Mühe mit uns gegeben hat.

Trotzdem frage ich mich immer wieder, warum so wenige Geschäfte kapieren, wie man Umsatz macht: Würden sie den Kindern etwas zum Spielen anbieten, hätten sie automatisch die Mamis im Laden. Und das auch noch entspannt!

Neulich war ich nach langer Zeit mal wieder bei einem meiner Lieblingsmodeläden in München. Unglaublich: Geboten wurden zwar eine Spielecke, ein Tisch zum Malen, eine Toilette mit Wickeltisch – allerdings *nur* in der Kinderabteilung. Was zur Folge hatte, dass ich natürlich nur Kindersachen kaufte.

In Hamburg sieht das nicht anders aus. Die Kinderläden bieten vom Fernseher mit Zeichentrickfilmen bis zum Mini-Laptop mit Spielen quasi alles an – Kaffee für die Mama inklusive. Doch dort, wo die Objekte *meiner* Begierde hängen, nämlich in der Boutique nebenan, gibt es *nichts*. Mal abgesehen von einem verkniffenen Lächeln, wenn die Verkäuferinnen sehen, dass man mit Kleinkindern den Laden betritt.

Sollte ich also mal etwas brauchen, sehe ich genau zwei Möglichkeiten: Ich nehme meine beiden mit, schnalle sie im Buggy an und lege ihnen mein iPhone mit einer Folge Caillou auf den Schoss. Dann muss ich mich allerdings auch ranhalten. In der Eile kaufe ich mindestens zwei Kleidungsstücke zu viel, die ich dann wieder umtauschen muss – nächstes Problem.

Die zweite und – wie du schon sagst – weit bessere Möglichkeit: Ich shoppe online und vermeide dadurch hohe Parkgebühren und weinende

Onlineshopping vermeidet Schwitzen, Parkgebühren und Kindergeheule.

Kinder. Den Daunenanorak schon jetzt zu kaufen ist übrigens keine schlechte Idee. Bleibt die Frage: *Wo* kann ich ihn bestellen?

Der größte Feind der Mama ist die andere Mama: Wenn Mütter einander das Leben zur Hölle machen

Liebe Christiane,

noch nie hatte ich so viele neue Freundinnen wie nach der Geburt meiner Kinder. Und selbst zu härtesten Karrierezeiten hatte ich nie so viele Feinde …

Mütter sind die gemeinsten, hinterhältigsten und kritischsten Wesen, die man sich nur vorstellen kann. Neulich kam ich in eine Buchhandlung und ertappte zwei Spielplatzmamis dabei, wie sie eine meiner Freundinnen in der Luft zerrissen: Sie sei dumm, stünde unter dem Pantoffel ihres Mannes, und ihr Kind sei unfassbar schlecht erzogen. Ich war geschockt von so viel Frechheit! Schließlich verhielten sich die gleichen Frauen besagter Freundin gegenüber sonst immer so (pardon!) scheißfreundlich, dass ich geglaubt hatte, sie wären ein Herz und eine Seele.

Für Frauen wie die beiden gebe ich selbst ebenfalls ein prima Lästerobjekt ab. Statt nämlich einfach mal den Mund zu halten, tausche ich mich auf dem Spielplatz oder im Kindergarten gerne über unser Leben aus.

Mein Lieblingsthema: dass die zweijährige Victoria einfach nicht schläft. Eigentlich müssten ja alle um mich herum sofort in gelangweilte Starre verfallen, wenn ich wieder einmal davon anfange. Doch weit gefehlt! Der Kreis der Mütter stürzt sich auf dieses Thema wie Hyänen auf die Beute. „Warst du schon beim Homöopathen?" Oder: „Geh doch mal zur Bioresonanztherapie! Oder, noch besser: Mach selber eine Therapie. Bestimmt hat sie was Traumatisches erlebt. Denk doch mal nach! Am Anfang der Schwangerschaft wolltest du sie doch gar nicht richtig, oder?"

Irgendwann schalte ich ab und versuche, das Thema runterzuspielen. Aber dann ist es längst zu spät. Unterschätze nie den Kampfgeist von Mamis! Knapp eine Woche später spricht mich eine (echte) Freundin an, ob mit mir alles okay sei – sie habe gehört, ich stünde kurz vor dem Burnout! Zu diesem Zeitpunkt ist es natürlich zu spät, das Rad noch zurückzudrehen. Die Mütter-Mafia hat wieder zugeschlagen.

Ähnliches erlebe ich schon seit der Zeit, als unsere Kleinen noch gar nicht auf der Welt waren: „Wie viel hast du zugenommen? 15 Kilo? Ach. Ich nur 7."

Wenige Monate später, die Kinder sind inzwischen geboren: „Also, meiner läuft schon mit 7 Monaten, und deine kann sich noch nicht mal drehen? Hmm, schon beim Kinderarzt gewesen? Vielleicht hat sie ja doch Probleme."

Später drehen sich die Sticheleien ums Sprechenlernen, ums Essen („Ach, nicht 100 Prozent Bio?") und schließlich um den Job: „Was? Du arbeitest wieder? Dabei bildet sich doch in den ersten Jahren das Urvertrauen der Kinder aus!" Wahlweise auch: „Was? Du arbeitest noch nicht wieder? Hast du keine Angst davor, bald ganz raus zu sein und nie wieder irgendwo unterzukommen?"

Meine Schwester, die recht gute Antennen für das Zwischenmenschliche hat, weigert sich inzwischen, mich auf den Spielplatz zu begleiten. Sie sagt, dort ginge es schlimmer zu als auf einer beruflichen Konferenz. Du wirst taxiert, zerredet und in der Luft zerrissen. Kaum näherst du dich aber der Mami-Meute, sind alle so überfreundlich, dass einem schlecht wird.

Auf dem Spielplatz geht es schlimmer zu als im Beruf.

Die Einzigen, die davon nichts merken, sind die Kinder. Valentina spielt selbstverständlich auch mit den Kindern einschlägig bekannter Mamis. Ich ertrage das zähneknirschend und lächle. Und natürlich habe ich dazugelernt: Ich erzähle viel, aber in Wirklichkeit nichts. Brutschutz nenne ich das.

Liebe Caroline,

vergiss die „wohlmeinenden" Ratschläge zu Victorias Schlaf-verhalten oder Deinem angeblichen Burnout! Nicht Du oder Dein Kind brauchen irgendeine Therapie, sondern Deine Spielplatz-bekanntschaft benötigt ein Pflaster für ihr Lästermäulchen.

Leider muss ich Dir recht geben: Unter Müttern muss man sich manchmal ganz schön warm anziehen.

Heute Morgen zum Beispiel, auf dem Weg zum Kindergar-ten: Meine Tochter und ich wandern in Richtung Tür. Die erste Mama, die uns begegnet, tut so, als würde sie telefonieren, um nur nicht grüßen zu müssen. Leider bemerkt sie dabei nicht, dass sie ihr Telefon falsch herum hält … Nr. 2 taxiert Maus und mich von Kopf bis Fuß – und reagiert fast erschrocken, als ich ihr ein „Guten Morgen!" entgegenschmettere. Mama Nr. 3 wirkt gehetzt (wie ich auch), grüßt mich aber trotzdem freundlich als Erste. Nr. 4 sitzt offenbar irgendein Pups quer.

Was soll das? Können sich Mütter untereinander nicht solida-risieren? Wir kämpfen doch in der Regel mit ganz ähnlichen Pro-blemen. Dürfen wir uns da nicht alle lieb haben – ohne Miss-gunst, ohne Gezicke?

Nee. Null. Ist nicht. Funktioniert nicht. Denn: Der schlimmste Feind der Mama ist die andere Mama.

Ja, der Konkurrenzkampf unter Müttern ist schlimmer als der unter Kollegen im Job. Theoretisch gäbe es natürlich den perfek-ten Ausweg – einfach die Ohren auf Durchzug stellen, die ande-ren ignorieren und am besten tagtäglich gebetsmühlenartig wie-derholen: „Ja, ich bin eine gute Mutter, aber nicht perfekt. Und all den anderen geht's genauso."

Aber das fällt uns schwer. Fakt ist: Die Mutter, dieses stuten-bissige Wesen, ist ständig damit beschäftigt, sich selbst mit ihres-gleichen zu vergleichen. Ihr Kind muss einfach das tollste, beste und schlaueste sein. Natürlich spricht nichts gegen einen gesun-den Stolz auf die Fähigkeiten unserer Kleinen. Aber müssen wir deshalb damit angeben – und andere heruntermachen?

Alles schon gehört: „Deine Tochter hat ja kaum Haare. Kommen die denn gar nicht?"

Oder: „Für eine Vierjährige ist sie aber irgendwie klein."

Oder: „Meine kann aber schon ihren Namen schreiben!"

Oder: „Was? Kein Klavierunterricht? Das ist doch ein Muss! Unsere macht auch noch Ballett. Und geht jeden Samstag zur Malstunde."

Zugegeben: Auch ich kann mich von der ständigen Vergleicherei oft nicht frei machen. Ich freue mich zwar, wenn Charlotte etwas besonders prima kann, aber wenn ich gleichzeitig ständig aus dem Augenwinkel auf die anderen schiele, macht mich das manchmal frustriert, manchmal traurig und manchmal sogar sauwütend. Woher kommt er also, dieser Vergleichswahnsinn unter Müttern?

1. Wir bekommen immer weniger Kinder. Und die Kinder, die wir haben, erhalten immer mehr Aufmerksamkeit.
2. Wenn ich schon so ein Schätzchen in die Welt setze und dafür auf vieles verzichte, dann soll es aber auch bitteschön das tollste von allen sein.

Das beantwortet natürlich noch nicht die Frage, warum wir uns eigentlich darum scheren, was all diese aufgescheuchten, besserwisserischen Muttis von sich geben.

Meine Charlotte ist gerade vier geworden und ein quicklebendiges, aufgewecktes Kind. Sie quasselt viel und schön, aber nicht fehlerfrei – wie Mama also. Sie hat Fantasie, kann prima klettern und wird tierisch wütend, wenn was nicht klappt – wie ihr Papa. Sie singt, malt, tanzt, liebt Einhörner, echte Pferde. Rosa, Pink und Lila findet sie toll. Nein, sie erkennt noch keine Zahlen, kann aber toll zählen. Sie kann noch nichts schreiben, behauptet aber natürlich das Gegenteil. Sie kann manche Dinge, die ihre Freunde nicht können – und dafür andere nicht. Eines jedoch kann sie besonders gut: glücklich sein!

Vertrauen wir auf unser Gefühl, statt ständig zu vergleichen!

107

Das sollten wir uns alle angucken und ansonsten auf unser Gefühl vertrauen, statt ständig zu vergleichen. Das perfekte Kind gibt es nicht – warum auch? Genauso wenig existiert die perfekte Mama. Fehler macht doch jeder. Sogar die Mamas, die angeblich alles – und alles besser – wissen.

Erziehung – reine Glückssache?

Erziehung, das sind vor allem erst einmal jede Menge Fragen:

Sind wir dumm, wenn wir unseren Kindern den Schnuller nicht schnell und herzlos genug entziehen? Nein, aber konfliktscheu.

Kann es sein, dass unsere Töchter hochbegabt sind? Sie können doch schon so früh ihren Namen schreiben! Nein, aber die Frage allein zeigt schon, dass wir unserem eigenen Ehrgeiz erlegen sind.

Wann werden unsere Mäuse die Windeln los? Wir haben festgestellt, das funktioniert eigentlich fast von selbst und auf eigenen Kinderwunsch.

Die größte Frage lautet daher vielleicht: Wer braucht hier eigentlich die Erziehung? Wir haben festgestellt, dass wir als Mütter manchmal selbst so eine Art Supernanny benötigen würden, die uns Konsequenz und Manieren beibringt, die uns unsere Ambitionen austreibt und den Kopf geraderückt, bevor wir uns an unseren Kindern abarbeiten.

Charlotte, Valentina und Victoria verstanden als Einjährige kein Nein und tun es manchmal bis heute nicht. Denn natürlich wissen sie genau, wie weich wir sind und dass aus einem Nein gerne mal ein Ja wird.

Erziehung ist deshalb ein harter Kampf – und nein, er hört nicht auf, wenn man mal eine Woche lang alles richtig gemacht hat. Er dauert an, bis man glaubt, einen eigenständigen Menschen in die große, weite Welt hinausschicken zu können.

Ja, nein, vielleicht?
Wenn die Erziehung anfängt

Liebe Christiane,

ist Dir aufgefallen, dass uns in letzter Zeit kaum noch der Schlafrhythmus oder die ewigen Krankheiten unserer Kinder beschäftigen, sondern mehr und mehr ihr Charakter? Wir sind offenbar beim Thema Erziehung angekommen, früher als ich gedacht hätte, und um einiges härter, als ich es mir vorgestellt habe. Das Wort Nein spreche ich so oft aus wie kein anderes. Allerdings verhallt es auch in 99 Prozent der Fälle ungehört.

Erstaunlicherweise versteht mich Valentina bestens, wenn ich frage: „Möchtest du einen Keks?" Oder: „Wollen wir ein Buch lesen?" Sage ich ihr dagegen „Fass das Messer nicht an!" oder „Lauf nicht auf die Straße!", dann lächelt sie mich freundlich an – und los geht's! Selbst mein bislang weichherziger Gatte hat eingesehen: Unser Baby ist kein Baby mehr. Valentina versteht ganz schön viel (wenn auch nicht alles) und nutzt das nach Kräften aus.

Natürlich haben wir uns als Eltern Gedanken gemacht, wie wir unser Kind erziehen wollen. Unsere Grundsätze: Erziehung ist Vertrauen und Liebe, und: Mami und Papi sind die ersten und damit auch prägendsten Vorbilder. Das bedeutet aber auch, dass wir permanent unter Beobachtung stehen. Was wir machen, ahmt Valentina nach. Plötzlich bekommt alles Bedeutung: Wie sprechen und essen wir? Wie gehen wir mit Herausforderungen um? Mit wie viel Respekt begegnen wir uns?

> Als Eltern stehen wir permanent unter Beobachtung.

Dass das mit dem vorbildlichen Verhalten nicht immer perfekt klappt, ist klar. Immerhin konnten wir jahrelang tun und lassen, was wir wollten: fernsehen zu jeder Tageszeit, nach Belieben am Tisch oder vor dem Computer essen – und auch den kleinsten und lächerlichsten Streit konnten wir lautstark austragen.

Nun haben wir eine 81 Zentimeter große, 12 Kilo schwere moralische Instanz, die uns Tag für Tag erinnert: Wenn ihr das so macht, dann mache ich es euch nach!

Frage ich die anderen Mamis unter meinen Freundinnen, sind sich alle einig: Erziehung fängt schon bei den kleinsten Dingen an. Das bedeutet, dass ich nun alles erklären muss, und zwar nicht einmal, sondern täglich mindestens zehnmal: warum der Herd kein Spielplatz ist, warum man Finger nicht in Schubladen steckt, warum *ein* Keks okay ist, aber zehn weitere ungesund, warum das Metermaß nicht in die Waschmaschine gehört und warum sie sich die Zähne putzen muss, Teddy aber nicht. Ob mein Kind mich versteht, das werde ich wohl nie erfahren.

Und so ertappe ich mich dabei, hin und wieder einfach nur ohne all die pädagogisch wertvollen Erklärungen laut Nein zu sagen, um schlimme Unfälle gerade noch eben zu verhindern. Außerdem verhalte ich mich keineswegs immer so konsequent, wie ich es gerne täte. Aber wenn du abends todmüde aufs Sofa sinkst und dein Kind mit seiner abendlichen Apfelschorle gerade in der Küche eine Pfütze macht, in der es fröhlich herumwischt, dann ist das nicht der beste Moment für Konsequenz. In solchen Augenblicken sage ich mir: Was soll's, sie ist glücklich, und ich bin es auch. Man muss Prioritäten setzen und gut mit der eigenen Energie umgehen; vor allem, wenn man im neunten Monat schwanger ist. Manchmal lohnt die Aufregung nun mal nicht. Basta. Dass man mit Apfelschorle keine Pfützen macht, kann ich ihr auch später noch erklären.

Bei der Recherche nach Erziehungsratgebern sind mir übrigens ein paar Zeilen begegnet, die der Schriftsteller D.H. Lawrence 1918 verfasste. Er beantwortete nämlich die Frage, wie man Kinder erziehen solle, mit drei einfachen und gleich lautenden Regeln: Man solle sie erstens, zweitens und drittens in Ruhe lassen. Das sei genug.

Dass dieser begabte Mensch keine eigenen Kinder hatte, ist das eine – wenigstens hat er eine Zeit lang als Lehrer gearbeitet. Das andere: Würde ich unsere Tochter in Ruhe lassen, hätte sie wohl jeden Tag mindestens einen Unfall, die Wohnung wäre verwüstet und im Bett läge sie irgendwann gegen Mitternacht. So gut ich Lawrence also bislang als Schriftsteller fand, aber *das* trifft es dann wohl auch nicht ...

Liebe Caroline,

in Ruhe lassen als einziger Erziehungsgrundsatz? Na, der hat vielleicht Nerven ...

Gestern Abend, kurz vor 19 Uhr: Charlotte müde, ich müde. Sie rennt immer noch wie Schumi ohne fahrbaren Untersatz durchs Wohnzimmer, geradewegs auf die fragile Lieblingsstehlampe zu, die wir zu unserer Hochzeit vor elf Jahren geschenkt bekommen haben. Kurzer Blick über die Schulter zu mir. Charlotte grinst. Zähne blinken. Patschehändchen umschließen fest den Lampenständer und beginnen das Teil zu malträtieren wie ein Barkeeper seinen Cocktailshaker. Noch so ein Blick: Mama, ich tu's jetzt! Rüttel, schüttel, rüttel, schüttel ... Einmal hat sie das Teil schon geschrottet; seitdem ähnelt's dem schiefen Turm von Pisa. Jetzt: Rumms!

Ich rufe: „Nein!" Sie lächelt.

Ich wiederhole lauter, bestimmter: „Nein!"

Keine Reaktion. „Lass es, Charlotte!" Nein, sie lässt es nicht. Was also tun?

Ich denke an meine Schwägerin (Zwillingsmama!) und ihr Prinzip: „Nimm sie unsanft weg, stell sie woanders hin und erkläre, warum. Und *bloß nicht* auf den Arm lassen!"

Danach handle ich jetzt. Einmal, zweimal, durchatmen. Charlotte weint zwar (und wirkt dabei annähernd so talentiert wie eine Daily-Soap-Darstellerin). Aber sie hört auch nach ein paar Sekunden wieder auf. Klappt also!

Warum versteht meine Motte (genau wie Deine) zwar kein Nein, aber dafür sehr genau die Frage: „Möchtest du ein Würstchen?" Stehe ich jetzt schon am Anfang ständiger Wenn-dann-Drohungen („Wenn du nicht X tust, dann passiert Y!")? Ist ein Klaps okay? Wenn ja, wohin? Wenn nein, was dann? Und was, wenn mich Charlotte tatsächlich einmal zur Weißglut bringt? Was ist sinnvoll? Hm … ziemlich viele Fragen.

Es gibt unter Eltern die kuriosesten Methoden, die Würmchen im Zaum zu halten. Telefonat mit einer Freundin, bekennende Erziehungsbücher-Hasserin und Mama einer zuckerschnuckeligen knapp Zweijährigen. Ich: „Und? Was tust du in den heftigsten Ich-Mama-du-Kind-Situationen?"

Sie: „Mein Engel, das süße Biest, hat mich gerade einfach mal so gebissen. Schmerzhaft, richtig schmerzhaft."

Ich: „O! Deine Reaktion?"

Sie: „Ich habe instinktiv zurückgebissen. Jetzt weiß sie, wie weh das tut …"

Ich habe festgestellt: Fühle ich mich von meinem Mama-Reporterin-Ehefrau-Spagat ohnehin schon gestresst, dann fällt es mir schwerer, die Ruhe zu bewahren und im richtigen Moment die richtige Entscheidung zu treffen. Bin ich dagegen gelassen, reagiere ich punktgenau – und meine Erziehungsmaßnahmen fruchten.

Bin ich gelassen, fruchten meine Erziehungsmaßnahmen auch.

Außerdem gibt es kaum etwas Wichtigeres als Einigkeit zwischen Mama und Papa. Das heißt, Papa gibt der Motte keine Kinderschokolade, wenn ich Nein gesagt habe, und nimmt sie nicht schon beim kleinsten Quengeln auf den Arm, obwohl ich sie gerade auf den Boden gesetzt habe. Und er händigt ihr auch nicht Mamas Lieblingscreme mit dem lustigen blauen Deckel aus, nur weil Charlotte so entzückend „Da!" sagen kann.

Zusammengefasst: Keiner von uns darf das Nein des anderen in ein Ja verwandeln – oder umgekehrt. Wer gerade erzieht, der erzieht. Wir, Mama und Papa Hoffmann, haben einen Satz, den wir uns quasi vorbeten:

Wer dran ist, ist dran! Basta!

Matsche, Muhkuh und Mama:
Wie viel Spielzeug braucht das Kind?

Liebe Caroline,

Spielzeug? Ehrlich, in der Beziehung schäme ich mich ein bisschen. Charlottes drittes Wort (nach „Mama" und „Papa") lautete nämlich: „Aajoo!"

„Ach", höre ich schon die Experten, „das Kind sagt Hallo! Wie freundlich, wie süß!" Leider nein. „Aajoo" bezeichnete vielmehr – Charlottes liebstes Spielzeug. Sie hielt sich dabei nämlich jeden beliebigen Gegenstand ans Ohr, der einem Handy irgendwie ähnelte (also beispielsweise eine Fernbedienung) und rief hinein: „Aajoo!"

Vermutlich ist das kein Wunder, wenn die Mama abends heimgehetzt kommt, das Handy am Ohr festgewachsen: „Hallo! Sorry! Nein! Komme gerade rein. Ja, ich weiß! Es eilt – aber es eilt immer! Erst kommt die Maus." Da kann mein Kind ja nicht anders reagieren als mit einer leichten Aajoo-Störung …

Das Telefon ist nicht nur Mamas wichtigstes Arbeitswerkzeug, sondern war auch schon früh eines von Charlotte begehrtesten Spielzeugen. Jetzt ist meine Tochter anderthalb Jahre alt, aber geändert hat sich daran nichts, auch wenn ich ihr das begehrte Handy (nicht nur wegen der Strahlung) nur sehr dosiert gewähre.

Aber: Neben Büchern, ihren zwei Puppen, der rosa Muhkuh und dem von Mama kunstvoll zusammengefrickelten bunten Duplo-Häuschen mit drei Türen und zwei Fenstern liebt Charlotte grundsätzlich alles, was Lärm macht: vom Multifunktionsmixer bis zur elektrischen Zahnbürste (die auf nervtötenden Vier-Stunden-Autofahrten ungemein beruhigt). Deshalb frage ich mich bei Spielzeug oft: Was ist eigentlich sinnvoll? Muss ich wirklich Geld ausgeben, damit mein Kind klug und gleichzeitig happy wird?

Charlotte jedenfalls reichen schon eine leere Pflaumenmusbüchse plus Deckel und „Ssassaa!" (Wasser)

Mama ist oft das beste Spielzeug!

zum Rummatschen. Oder die Mama: Auf der kann man nämlich nicht nur 1a herumtollen, sondern ihre Arme können zudem als Schaukel herhalten, die Schultern als „Eii" (Pferd) und der Speckbauch als Trampolin. Und wenn sie erst so richtig doofe Gesichter macht und schielt, wenn sie an den zwei Tage getragenen Kindersocken riecht!

Schluss mit dem Spielzeugwahnsinn

Es bringt nichts, Kinder mit gekauftem Spielzeug zu überschütten. Darin sind sich die Experten einig. Gerade am Anfang bieten die eigenen vier Wände das größte Abenteuer!

Verwandeln Sie doch einmal die Wohnung in einen Abenteuerspielplatz, indem Sie gemeinsam mit den Kindern Höhlen unter Tischen bauen oder Türme aus Kissen errichten. Gerade für die Kleinsten ist es außerdem wichtig, alle Sinne anzusprechen. Lassen Sie sie möglichst viele unterschiedliche Dinge tasten, fühlen, schmecken. In der Spielzeugkiste reichen anfangs ein großer und ein kleiner Ball. Dazu kommen ein paar Schüsseln oder Körbe, die Sie mit verschiedenen Materialien aus dem Haushalt füllen: Kartoffeln oder Bürsten beispielsweise.

Auch mit Wasser und Sand sammelt Ihr Kind wichtige Erfahrungen. Lassen Sie es Wasser auskippen, Wasser fühlen, Wasser in Gefäßen tragen oder auch Stöcke ins Wasser werfen. Und: Bleiben Sie bei alldem selbst entspannt! Ziehen Sie dem Kind also lieber Matschkleidung an, als krampfhaft darauf zu achten, dass es sauber bleibt.

Die Wichtigste zum Schluss: Nur wenn Erwachsene auch mal mitmachen, lernt ein Kind, richtig zu spielen.

Sicher ist: Charlottes Kindheit findet zum Glück auf einem völlig anderen Planeten statt als die einer Suri Cruise – und damit meine ich nicht nur den Kontostand. Wenn ich dieses arme

Mädchen in ihren 300-Dollar-Kleidchen und den Maß-Ballerinas vollkommen einsam an der Hand der Mama beim Power-Designer-Shopping statt auf dem Spielplatz sehe, kriege ich den Horror hoch zehn! Charlotte kommt mindestens einmal am Tag unter Gleichaltrige, und sie liebt's. Große beobachten, Kleinen die Förmchen mopsen. Rutschen, schaukeln, klettern, matschen, wühlen. Streiten, sich durchsetzen, triumphierend lachen, enttäuscht heulen – und getröstet werden. Klasse!

Mein Mini-Turbo und ich kommen abends übrigens wunderbar runter, indem wir uns auf den (ehemaligen Still-)Sessel in ihrem Zimmer pflanzen und leichtes Hirnyoga betreiben – sprich: lesen. Charlotte sucht ein Buch aus, und ich erzähle etwas dazu. Bloß nicht zu viel, denn die Seiten müssen zehntelsekündlich umgeblättert werden und haben idealerweise etwas zum Abreißen. Für uns sind das 30 Minuten zum Chillen und Schmusen der Extraklasse.

Na ja, auch daran bin vermutlich ich schuld. Schließlich konnte Charlotte noch kaum gucken, da habe ich ihr abends ein Buch vor die Nase gehalten. Inzwischen hat meine Lesesucht sie angesteckt. Und unser Leseritual schadet sicherlich nicht.

Liebe Christiane,

während ich am Computer sitze und Deine Zeilen lese, dringen aus dem Bad leise Föhngeräusche – der zweite Versuch in dieser Woche, mein Handy zu retten.

Ebenso wie bei Dir ist mein Mobiltelefon eines *der* Lieblingsspielzeuge meiner Tochter, vor allem, solange ich damit telefonieren will. Ist allerdings das Interesse an dem blinkenden Etwas ausnahmsweise einmal erloschen, landet das zuvor so begehrte Gerät wie durch Zufall in einer Pfütze oder (so wie heute) in der Waschmaschine. Selbst schuld, sagst Du jetzt bestimmt. Und ja, ich gebe Dir recht. Wie kann man nur so blöd sein, seiner anderthalbjährigen Tochter das eigene Telefon zu überlassen?

Geplant hatten wir das selbstverständlich ganz anders. Spielzeug, so hatten wir als werdende Eltern beschlossen, sollte möglichst aus Holz sein. Plastik kam uns in der ersten Zeit nicht über die Türschwelle; Dinge, die leuchteten oder gar Musik machten, fanden wir sowieso indiskutabel.

So ging das die ersten – na ja, sagen wir: drei Monate. Dann erwachte meine Tochter so richtig zum Leben. Der kleine Säugling, dem man beinahe alles hinhalten konnte und der sich einfach nur darüber freute, wurde größer, und unsere neue Mitbewohnerin interessierte sich plötzlich vor allem für *Plastik, Blinkendes* und *Lautes*.

Liebende Eltern, die wir sind, besorgten wir also neue Spielsachen. Doch am spannendsten fand Valentina immer das, was *wir* hatten. Das galt ganz besonders für alles Technische.

So gewann sie – schneller, als ich es jemals geschafft hätte – die Macht über die Fernbedienung, sie verliebte sich in das Handy und geriet auch gerne mal ans Festnetztelefon. Letzteres endete das eine oder andere Mal damit, dass uns irgendwelche Leute am anderen Ende der Leitung beim Babytalk zuhören konnten, ohne dass wir davon etwas ahnten.

Mit wachsender Mobilität kamen neue Spielzeuge hinzu: das silberne Teeservice zum Beispiel, sämtliche Töpfe und Siebe in unserer Küche, sogar Bodylotions fielen ihr zum Opfer.

Besonders begeistert war ich vergangene Woche, als ich feststellen musste, dass sie auch unsere Waschmaschine erobert hatte. Besonders diese eine toll leuchtende Taste muss sie fasziniert haben. Jedenfalls wurde die ursprünglich für 30 Grad vorgesehene Wäsche bei 90 Grad gewaschen – das Ergebnis war ehrlich gesagt zum Heulen.

Auch draußen gilt: Was Mama gehört, ist spannender. Natürlich haben wir Eimer, Schaufeln, Siebe und Ähnliches für die Sandkiste gekauft. Aber wenn ich mir auf dem Weg zum Spielplatz noch ein Getränk mit Strohhalm gönne, dann kannst Du Dir sicher sein, dass *nichts* spannender ist als dieser Strohhalm, mit dem man so herrliche Schweinereien anstellen kann! Zumindest weiß ich nun: All das spricht Valentinas Sinne an. Es ist nichts Verwerfliches daran, wenn wir unser Kind mit Sachen spielen lassen, die eigentlich nicht als Spielzeug vorgesehen sind.

Zu unserer Ehrenrettung will ich trotzdem sagen: Es gibt sie schon, die Dinge, die nur ihr gehören und die sie liebt.

Eines der beliebtesten ist zurzeit ihr Puppenbuggy, mit dem sie Kilometer um Kilometer in der Wohnung zurücklegt. Ansonsten kann sie an keiner Schaukel vorbeigehen, und auch Bücher aller Art stehen hoch im Kurs. Schon um kurz vor sieben kommt unsere süße Maus mit Lesestoff in der Hand an unser Bett und fordert entschieden: „Buch! Buch! Buch!" Nur so kann für sie ein guter Tag beginnen.

Wir lernen also, was wohl alle Eltern in diesen ersten zwei Jahren lernen müssen: Spielzeug zu kaufen macht in erster Linie mich und meinen Mann glücklich. Wir durchleben unsere eigene Kindheit noch einmal und freuen uns über all die tollen Dinge, die es da draußen in den Spielzeugläden zu kaufen gibt.

Gekauftes Spielzeug macht hauptsächlich die Eltern glücklich.

Valentina dagegen braucht eigentlich fast nichts – außer uns. Denn wenn wir aus unserem Bett eine Höhle bauen, sie über Kissen und Sofas klettern lassen oder ihr erstmals erlauben, eine Blume zu gießen, dann leuchtet das Gesicht unserer kleinen Tochter vor Glück.

Ihr Spielzeug – also, nur damit Du mich richtig verstehst: ihr *eigentliches* Spielzeug liegt in einer großen, tollen Kiste, die wir ihr gekauft haben. Manchmal spielt sie damit, aber das kommt eher selten vor.

Und so haben wir auch für Baby Nummer 2 erst einmal nichts besorgt. Es hat die Wahl zwischen Valentinas fast unbenutzten Spielsachen oder aber dem Abenteuer, unter Anleitung der großen Schwester unsere Wohnung zu entdecken. Wir sind schon sehr gespannt …

PEKiP und kein Ende: Müssen schon die Allerkleinsten gefördert werden?

Liebe Caroline,

ich hasse Regen! Weil er die unangenehme Eigenschaft hat, nass zu machen. Meiner Tochter Charlotte ist das so was von egal. Sie läuft zur Tür, rüttelt an der Klinke, schmeißt mir schmerzhaft ihre Gummistiefel auf die Füße und ruft laut: „Eeegen! Aus! Bocka baalen!" (Übersetzung: Mama, raus in den Regen – ich will meinen Bauch baden!)

Unsere knapp zweijährige Motte liebt das abendliche (und morgendliche) Schmusen-beim-Vorlesen im Kuschelsessel, matscht supergerne Tomaten in Wasser und nennt es Kochen („Mama, gokke!") und ist immer dabei, wenn's ums Fangen, Wildsein, Schreien und Toben geht. Aber das Allerallerschönste ist für sie definitiv, draußen zu spielen: mit Sand, schmutzigen Pfützen (aus denen sie bisweilen trinkt), Schaukel und Rutsche.

Wenn Spielen also das Größte ist, warum habe ich Charlotte dann in eine zweisprachige Kita gesteckt? Schließlich habe ich dort schon erlebt, dass eine Mutter beim Elternabend fragte: „Und wann lernt mein Kleiner hier rechnen? Ach ja, was ist mit Förderung in einer zweiten Fremdsprache – außer Englisch?" Ihr Sohn ist elf Monate alt. Ich hätte sie am liebsten geschüttelt, um sie zum Aufwachen zu bringen.

Die Antwort auf die Frage, warum Charlotte zusammen mit den Kindern dermaßen förderwütiger Eltern eine Kita besucht, ist schlicht: Mama muss arbeiten, und nirgendwo sonst gab's einen Platz.

Oder haben diese Eltern doch recht? Müssen Babys beim PEKiP-Kurs unter dem Dauergesang ambitionierter Muttis schon mit zehn Wochen lernen, wie man sich dreht, bevor das natürlich passiert? Braucht Charlotte einen Chinesisch-Crashkurs, um sich später in der globalisierten Welt zurechtzufinden? Sollte ich sie sanft in Richtung Klavier schubsen und Notenschlüssel statt

Haustürschlüssel untersuchen lassen? Hat mein Kind jetzt schon verloren, wenn es bisher nur „ein, wei, fün" zählt?

Meine Meinung: Alles schnuppe!

Na ja, ich gestehe: Ich habe mit Charlotte zwei PEKiP-Kurse besucht – und zwar für mich! Um dort nämlich Gleichgesinnte zu treffen: Mamas mit gleichaltrigen Babys und gleichen Problemen und Freuden. Mein Kind hat im Übrigen ganz allein gelernt, sich auf den Bauch zu drehen.

Ich bin mir sicher, unsere Mäuse brauchen vor allem Eltern, die nicht sich selbst im Kind verwirklichen wollen. Statt ihre Sprösslinge mit hochgesteckten Zielen zu überfordern, sollten Mamas die Kleinen besser gut beobachten. Dann wissen sie nämlich, was denen gerade guttut: zum Beispiel Ruhe mit einer Vorleseeinheit oder Malen mit Matsch-Möglichkeit. Und sie texten ihre Kinder nicht voll, wenn die ihnen gerade den Rücken zukehren und ganz in Ruhe bauen wollen.

> Kinder brauchen Eltern, die sich nicht im Nachwuchs verwirklichen wollen.

Meine Formel lautet: Machen lassen und einfach nur da sein! Der Rest ergibt sich von allein.

Ich biete an, und Charlotte zeigt, was sie mag. Letzte Woche hab ich es übrigens mal mit „kreativem Kindertanz" versucht, der einmal pro Woche eine Stunde lang stattfindet. Und? Die Motte war vollkommen hingerissen und machte sofort mit. Sie tänzelte mit erhobenen Händen, „sang" dabei, nahm andere Kinder an den Händen und drehte sich, bis sie fast aus den Socken plumpste. Dabei schrie und gluckste sie vor Glück. Daneben tröstete sie ein heulendes Mädchen, das vor lauter Fremdeln nicht tanzen wollte, mit ihren Mini-Keksen. Auf dem Heimweg schwieg Charlotte in der Straßenbahn vollkommen ermattet – und glücklich.

Fazit: Was Charlotte happy macht, macht Mutti auch happy. Nach unseren Regen-Abenteuern kommen wir beide zwar durchnässt nach Hause, aber auch herrlich kaputt, mit Frischluft erfüllt und hungrig.

Liebe Christiane,

neulich beim Sonntagsfrühstück: Mein Mann redet auf einmal französisch mit Valentina. Unsere Anderthalbjährige guckt ihn mit großen Augen an und versteht die Welt nicht mehr. Warum brabbelt ihr Vater dieses unverständliche Kauderwelsch? Und warum lacht sich Mami die ganze Zeit kaputt? Woche für Woche wiederholt sich nun dieses Schauspiel. Mein Mann, der in Frankreich aufgewachsen ist, möchte seiner Tochter etwas von dem weitergeben, was er dort mitbekommen hat. Da er aber außerdem eine spanische Mutter hat, spricht er neben französisch auch spanisch mit Valentina. Dass meine Tochter bislang davon keinerlei Notiz genommen hat, ist ihm glücklicherweise egal. Für ihn ist eines wichtig: Ab jetzt wird gefördert.

Sollen wir unsere Kleine also in den französischen Kindergarten schicken oder lieber in einen spanischen? Oder eignet sich die kirchliche Kita schräg gegenüber noch besser, weil die Kinder dort im Glauben an Gott erzogen werden? Momentan ändern wir zu dieser Frage beinahe täglich unsere Meinung. Nichts ist schwieriger, als für so ein kleines Kind dermaßen weitreichende Entscheidungen zu treffen. Ginge es nach mir, würden wir noch gar nicht darüber nachdenken. Wir sind schließlich auch groß geworden, ohne bereits im Kleinkindalter zwei Sprachen gelernt und lauter Kurse besucht zu haben.

Ähnlich läuft es beim Thema Musik. Mein Mann spielt begeistert und ausgesprochen gut Klavier. Unsere Tochter Valentina singt und tanzt, wann immer sie kann. Natürlich haben wir aufmerksamen Eltern *sofort* ihre außerordentliche Begabung erkannt und fragen uns nun: Wie können wir dieses Kind entsprechend fördern? Wir haben schon darüber nachgedacht, mit ihr in einen Musikkurs für Minis zu gehen. Aber wenn wir ausnahmsweise mal nicht enthusiastisch klatschend vor Valentina stehen, fällt mir auf, dass alle ihre kleinen Freunde und Freundinnen genauso gerne tanzen und singen. Vielleicht wächst in unserem Haushalt also doch kein kleines Wunderkind heran.

Reicht also eine einfache CD oder die singende Mami, um Valentina zu fördern? Braucht ein Kind in diesem Alter überhaupt andere Kinder, oder sind all diese Kurse vom PEKiP über das Babyturnen bis hin zu „Musik für Minis" in Wirklichkeit nur Kommunikationstreffs für die Mamas?

Wie immer, wenn es um die großen Fragen des Lebens geht, habe ich mir Rat bei meiner Mutter geholt. Die Antwort hätte ich mir allerdings selbst denken können:

„Liebe Caroline, für all diesen Schnickschnack blieb bei uns damals wirklich keine Zeit. Ich hatte ein Haus zu putzen und im Gegensatz zu dir dabei keine Hilfe. Ich musste Mittag- und Abendessen für deinen Vater kochen und natürlich auch einkaufen – kein Lieferservice weit und breit! dich und deine Schwester habe ich währenddessen in den Laufstall gesetzt, bei besserem Wetter auch in den Garten. Wann also hätte ich euch fördern sollen?"

Ob wir, meine Schwester und ich, ohne Laufstall und mit tollen Kursen vielleicht klüger geworden wären – diese Frage hat sich nie gestellt. Und glücklich geworden sind wir auch so. Ob mich das allerdings davon abhält, weiterhin alle zweisprachigen Kitas in unserer Umgebung anzugucken? Wir werden sehen …

Denn mit der Förderung ist es fast wie mit einem Schnupfen: Sie ist furchtbar ansteckend. Und wenn alle Mütter um mich herum Kurse besuchen – dann muss ich das doch auch tun, oder?

Förderung ist fast wie Schnupfen: furchtbar ansteckend.

Kluges Kind oder bescheuerte Mami?
Wenn plötzlich alle Hochbegabung wittern

Liebe Christiane,

ist es nicht verrückt? Jahrzehntelang kam das Thema Hochbegabung in der deutschen Bildungsdiskussion überhaupt nicht vor.

Und heute ist die Frage „Könnte mein Kind vielleicht hochbegabt sein?" an Kindergärten und Schulen so selbstverständlich geworden wie „Hatte Ihr Kind schon Masern, Mumps & Co.?" Beides habe ich bislang klar verneint. Langsam aber frage ich mich, ob Valentina (inzwischen zwei Jahre alt) nicht doch zur Gruppe der hochbegabten Kinder gehört... Wenn ich im Internet nach Definitionen von Hochbegabung suche, steht da: „Hochbegabte verfügen über einen ungewöhnlich großen Wortschatz und erfassen leicht Sprachfeinheiten..." Hm, also darin erkenne ich meine Tochter ganz klar wieder! Sie erfasst auch das kleinste Streitgespräch zwischen Mama und Papa schnell und analysiert es: „Mama laut, weil Papa böse." (Oder andersherum.)

„... gelangweilt von Routine..." Stimmt auch! Nach fünf Minuten Zugspielen wird die Puppe hervorgeholt, danach wäre eine Folge Barbapapa interessant, dann Ponyreiten auf Mami, danach muss die Puppe ins Bett gebracht werden.

„... finden für Probleme eigene, kreative Lösungen..." Klar, wenn es nach Valentina ginge, würden alle Probleme dadurch gelöst, dass man sich einfach ein paar Stunden täglich vor „Mondbär" oder „Maulwurf Pauli" setzt.

Ach, und dann: „... wollen Bestimmer sein." Also, das ist ja nun ganz eindeutig unsere Tochter. Wie Sklaven werden wir und andere Familienmitglieder samt Babysitter durchs Haus kommandiert. „Komm mit!" ist derzeit ihr Lieblingsruf, wenn sie etwas von uns will – und sei es nur, dass wir ihrem Teddy die rote Schleife neu binden.

Natürlich gäbe es noch unendlich viel hinzuzufügen: ihre musikalische Begabung (sie singt sämtliche Weihnachtslieder), ihre sprachliche Begabung (sie begrüßt den spanischen Babysitter mit „¡Hola!"), ihre Fähigkeit zu zählen (bis fünf nämlich) ...

Aber, Spaß beiseite: Würden wir überhaupt wollen, dass unsere Töchter hochbegabt wären? Klar wären wir stolz auf unsere Kinder, aber die Realität sieht leider vollkommen anders aus, als sich der Elternstolz das so vorstellt. Viele Hochbegabte werden völlig verkannt, teilweise sogar mit ADHS fehldiagnostiziert, weil man ihre Hippeligkeit nicht als Langeweile und Unterforderung erkennt. Manche stören permanent den Unterricht, gelten als Streber und Angeber und werden isoliert. Trotz großer Klugheit am Ende dann doch Außenseiter bleiben? Je länger ich darüber nachdenke, desto weniger wünsche ich meinen Töchtern diese Art von Herausforderungen. Sollen sie doch bitte einfach ganz normal sein ...

Liebe Caroline,

gestern Abend läuft bei Charlotte innerhalb von 20 Minuten folgendes Programm ab: kochen (heißt: Charlie sitzt neben dem Herd, weil sie würzen will), Blumenkohl mit Kalbsbratwurst essen, vier Pixis lesen, Puzzle spielen, eine Runde malen, Puppen und Mama mit Fencheltee traktieren. Und dann entdeckt mein Kind die Schwellung unter meinem recht engen Rollkragenpulli. „Mama, Pulli aus! Oh, alte Mama – dicke Bauch. Arztkoffer hole!"

Was soll ich sagen? Charlotte *muss* hochbegabt sein! Sie weiß, dass ich mindestens 3 Kilo Hüftspeck zu viel habe, sucht eine Lösung des Problems, stellt den Zusammenhang mit meinem Alter her – und hat einen Plan für ihr weiteres Leben: Schönheitschirurgin mit Fettabsauge-Qualifikation. Definitiv ein Beruf mit Zukunft ...

Ich muss zugeben, ich finde es einfach lächerlich, dass plötzlich jedes zweite Kind hochbegabt sein soll. Diese Eislaufmuttis, die ihre kleinen Würmchen zu Statussymbolen machen wie die dicke Karre und die Designer-Handtasche, gehen mir ziemlich auf den Keks. Da hört man dann gerne Sätze wie: „Ja, natürlich wächst sie dreisprachig auf. Wir haben extra eine Kinderfrau für die dritte Sprache eingestellt." Oder: „Weißt du, unserer hat bereits einen *unglaublichen* Wortschatz!" Oder: „Der kleine Schatz ist so klug: hat sich selbst abgestillt, konnte mit 9 Monaten laufen und war mit einem Jahr total sauber." Oder: „Meine Kleine wird bestimmt mal CEO – wie der Papa." Oder: „Nein, unserer beschäftigt sich immer selbst. Er kann stundenlang lesen oder puzzeln."

Es sei erwähnt, dass es sich hierbei um *Zweijährige* handelt, gerade in der Findungsphase zum eigenen Ich befindlich!

Manchmal zweifle ich – an *mir*. Werde auch ich Opfer eigener Wünsche, die ich dummerweise auf mein Kind projiziere? Denke ich auch schon darüber nach, ob Charlotte Superhirn oder Normalo-Maus ist? Verlange ich Unmögliches von meiner Kleinen? Bin ich *bescheuert*?

Ich beobachte bei unseren Mutti-Nachmittagen andere Kinder, die beim „Colorama"-Spiel Farben und Formen erkennen und richtig zuordnen sowie in Windeseile zimmergroße Puzzles lösen. Und wieder einmal stelle ich fest, dass ich Charlotte, ihr Können und ihre Schnelligkeit vergleiche mit dem, was die anderen schaffen. Das ist doch einen klitzekleinen Hauch pervers, oder? Ob mein Kind ein zweiter Einstein, eine zweite Maria Furtwängler oder Werundwasauchimmer wird, stellt sich noch früh genug heraus.

Jetzt ist sie vor allem Charlotte Hoffmann, gerade zwei Jahre jung geworden, ein Kind mit der Lizenz zum Spielen. Leistungsdruck, Konkurrenzkampf und Ellbogeneinsatz kommen noch früh genug. Fürs Erste darf mein Kind einfach Kind sein.

Prinzessinnen und Fußballjungs: Der kleine Unterschied und seine Folgen im Kinderzimmer

Liebe Caroline,

„Mama, Lilli nicht gut. Hunger hat. Weint! Viel! Muss Busen trinken!" Na, Lotte-Sprech verstanden? Der Blick meiner Tochter ist ernst. Sehr ernst. Sie sorgt sich um ihre Puppe, die sie verzückt und beschützend in den Armen wiegt. Charlotte spielt Mama, Puppenmutti. Meine Tochter ist eben ein echtes Mädchen!

Ach, wirklich? Und was heißt das eigentlich? Zunächst einmal, dass es bei uns täglich – ja, das glaube ich: typisch weibliches – Gezicke gibt. Dabei handelt es sich bei meiner Tochter nicht um eine pubertierende Dreizehnjährige, sondern um ein zweijähriges Mädchen, das im Moment lernt, sich durchzusetzen. „Mama! Nein! Diese T-Shirt! Diese doof." „Mama! Nein! Keine Jacke! Ich witze. Warm ist." Gebe ich nicht nach, folgt ein Tobsuchtsanfall, wie ihn eine erwachsene Diva nicht schöner hinkriegen könnte. Gefühlt passiert das derzeit zwanzigmal am Tag.

Die Jungsmütter unter meinen Freundinnen sagen: „Kenne ich nicht. Der haut, beißt, schubst und spuckt – aber zicken? Nee!"

Die mit Mädels schwören: „Du bist nicht allein!"

Ist das so? Muss das so sein? Ist das angeboren?

Manche Pädagogen, Soziologen und Hirnforscher sind der festen Überzeugung, dass Jungen und Mädchen von Beginn an unterschiedlich sind. Schon Babys reagieren verschieden, je nachdem, ob sich ihnen ein Mann oder eine Frau nähert. Ab drei Jahren beginnt geschlechtsspezifisches Rollenverhalten.

Der englische Psychologe Simon Baron-Cohen behauptet, die Gehirne von Frauen und Männern würden durch die Konzentration von Testosteron bereits im Mutterleib unterschiedlich programmiert, sodass Männer eher an Systemen interessiert seien, Frauen dagegen vor allem an Gefühlen.

Mädchen werden auch zu Mädchen gemacht und Jungs zu Jungs.

Ich glaube, das ist nur die halbe Wahrheit. Mädchen werden auch zu Mädchen gemacht und Jungs zu Jungs. Niemand wird hellblau oder rosa, mit Puppenwahn oder Fußballgen geboren.

Das heißt: Ich bin mitverantwortlich dafür, dass sich meine Tochter so mädchenmäßig zeigt. So zickig. So rosa. So fasziniert von Lillifee und Hello Kitty. Ich treffe geschlechtsspezifische Entscheidungen.

Unter anderem kaufe ich ganz schön viel Rosa. Das liegt daran, dass bei meiner Tochter erst jetzt die Haare so richtig zu sprießen anfangen. Wenn meine Motte bisher in Grau, Kaki, Beige oder Dunkelblau durchs Leben hüpfte, hieß es gerne: „Wie heißt der Kleine denn?"

Auf diese Erlebnisse führe ich zurück, dass ich trotz meiner persönlichen Rosa-Allergie verstärkt zu dieser Gruselfarbe griff. Sogar den Kinderstuhl kaufte ich in Rosa. Als ich die Neuerwerbung bis in unsere Wohnung geschleppt hatte, urteilte mein Holder: „Gab's den nicht auch in schön?"

Außerdem werde ich halb hysterisch, wenn mein Mädchen sehr hohe Klettergerüste besteigt. Ich muss mich wirklich bremsen, um Charlotte nicht zu bremsen. Nur so bekommt sie nämlich Selbstvertrauen. Sie *muss* sich schrecklich dreckig machen, Pflaster auf den Knien haben, „gefährliche" Sachen ausprobieren. Echten Jungskram halt ...

Auch ihre Bücher sind teilweise ganz schön mädchenmäßig, angefangen mit „Conny lernt backen". Und neben einem Werkzeugkasten besitzt Charlotte auch ganz schön viel Kinder-Küche-Kirche-Kram: Spielküche, Putzeimer mit Feudel und Besen, rosa Buggy und, und, und.

Zumindest trägt sie weder Röcke noch Kleidchen oder Spängchen. Bislang. Und zumindest fährt Charlotte wie eine Wilde Laufrad („Mama, noch mal Brücke runter! Hui!"), kickt liebend gerne Fußbälle herum und liebt Krachmacher-Spielzeug wie Trommel oder Blockflöte.

Ist das alles jetzt eigentlich gut oder schlecht?

Fakt ist: In die Grundschule werden mehr Jungen als Mädchen eingeschult, aber auf dem Gymnasium kehrt sich das Verhältnis dann um. Jungen bleiben etwa doppelt so oft sitzen wie Mädchen, und nur 46 Prozent aller Abiturienten sind männlich.

Dafür stellte das Deutsche Institut für Wirtschaftsforschung fest, dass nur 2,5 Prozent der 200 größten deutschen Unternehmen einen weiblichen Vorstand haben, und die KfW-Bankengruppe ermittelte, dass von zehn Firmengründern nur vier weiblich sind. Hm ...

Meine Meinung: Mindestens 50 Prozent am Typisch-Mädchen-Sein oder Typisch-Junge-Sein macht unsere Erziehung aus. Ich glaube, wir Mamis sind uns zumindest in einem einig: Wir wollen, dass die Kurzen, egal ob Bub oder Mädel, happy und selbstbewusst werden. Darum geht es, nicht um rosa, hellblau oder grau. Schließlich schlummert in uns die Hoffnung, dass sie ihren Platz in der Welt finden und irgendwann sagen: „Hey, Mama, ich mach dir deine Rente sicher!"

Liebe Christiane,

statt einer Antwort erzähle ich dir erst mal von folgender Szene, die sich vor Kurzem vor unserer Haustür abspielte:

Meine liebe Freundin K. kommt an – und irgendwie auch wieder nicht, denn in unserer Straße parkt ein Abschleppwagen. Nicht, dass gerade jemand abgeschleppt würde: Hier wohnt bloß der Besitzer dieses Fahrzeugs. Aber wann immer K. mit ihrem Sohn vorbeikommt, entwickelt dieser Wagen für den Jungen viel mehr Anziehungskraft als unser Zuhause. K. muss mit ihm immer erst einmal für einige Minuten den Wagen betrachten, während meine Töchter ratlos an der Fensterscheibe auf ihren Spielkameraden warten. Weder Valentina noch Victoria haben den Abschleppwagen bisher auch nur wahrgenommen.

Auch ein gemeinsames Mittagessen mit den beiden in der Hafencity endete unlängst mit großen Wutanfällen, weil der kleine Kerl sich nicht von Kränen, Schiffen und Schleppern loseisen lassen wollte. Dabei begeistern sich weder Mutter noch Vater für so etwas: Ihr Sohn ist einfach ein Junge.

Das Gleiche stelle ich bei uns fest. Betritt Valentina (2) einen Spielzeugladen, läuft sie als Erstes zu den Puppenbuggys. Nicht, dass sie keinen hätte – im Gegenteil: Bei uns stehen sogar drei verschiedene Modelle herum. Aber man weiß ja nie, wie das „Baby" im Wagen aussieht! Und dann muss es natürlich schlafen und essen und gebadet werden und überhaupt …

Auch unser 9 Monate altes Baby profitiert von Valentinas Mütterlichkeit. Egal ob Victoria Hunger hat oder nicht, Valentina stopft ihr die Flasche in den Mund. „Mama, Baby Hunger!" Das Baby *muss* gefüttert werden. Ohnehin wird es gerne mit einer Puppe verwechselt. Mal zieht Valentina ihrer kleinen Schwester die Socken aus (gegen ihren Willen), dann wieder an. Ebenso läuft es mit dem Schnuller und allem anderen, was Valentina als Ersatzmama zu fassen kriegt. Victoria wird von ihrer älteren Schwester eifrig umsorgt.

Während Jungen in dem Alter schon Automarken unterscheiden können, entscheidet sich Valentina morgens für das richtige Paar Schuhe.

Okay, okay, okay! Nach dem letzten Satz bin ich mir dann doch sicher, dass ich hier nicht ganz unschuldig bin. Vielleicht kommt zur Veranlagung wirklich ein gutes Stück Erziehung.

Auch wenn Valentina ihr Lego prima findet und zudem mit der Parkgarage spielt, die wir ihr geschenkt haben: Wesentlich interessanter bleiben ihre Küche, die Klamotten und Babys. Am Wochenende verlangte sie sogar erstmals, ich solle ihr einen ihrer Fußnägel lackieren (den Nagellack sollte ich danach allerdings wieder „wegputzen").

Warum ist das bloß so? Leide ich bereits an Alzheimer, oder warum bilde ich mir ein, meine Schwester und ich hätten nie mit Puppen gespielt, sondern ausschließlich mit Playmobil, Lego und anderen vermeintlich jungenhaften Dingen? Wenn ich mir unsere Töchter betrachte, kann ich mir das im Nachhinein gar nicht richtig vorstellen.

Heute hatte Valentina übrigens den ersten Tag im neuen Kindergarten. Wieder einmal konnte sie zwischen einem großen Schiff, Lego, Autos und einer Küche wählen. Die Entscheidung hat sie keine fünf Sekunden gekostet, dann stand sie in der Küche. Und wer spielte dort am Schluss mit ihr zusammen? Ein kleiner, unglaublich süßer Junge namens Philipp. Juchhu, es gibt sie also doch, die Ausnahmen!

Und heute?

Valentina spielt kaum noch mit Puppen, ihre Lieblingsfarbe ist Blau und ihre besten Freunde heißen Bartholomé, Roman und Zinédine. Nur ihre kleine Schwester rennt noch permanent in Prinzessinnenkleidchen durchs Haus.

Auch bei Charlotte bleibt Rosa heute meistens liegen. Vor ein paar Wochen fragte sie sogar: „Mama, warum haben wir Dunkelblau nicht schon viel früher entdeckt?" Eine zuckersüße Zicke ist sie allerdings immer noch!

Das große Zittern: Was tun, wenn mein Kind Angst hat?

Liebe Christiane,

bei uns zu Hause ist die Angst eingezogen. Nein, wir gucken natürlich nicht auf einmal mit den Kindern Horrorfilme! Trotzdem hat Valentina plötzlich Angst, und zwar ohne erkennbaren Grund oder Anlass.

Eine Angstkandidatin war sie allerdings schon immer: Mal waren es Bienen, die sie in Schrecken versetzten, dann Ameisen auf der Rutsche, später Autos oder der Lärm eines Flugzeugs über unserem Haus. Allerdings hat das bislang unser Leben nicht groß beeinträchtigt.

Seit vergangener Woche aber hat unsere fast dreijährige Tochter Angst vor der Dunkelheit, und das erweist sich als ganz schön schwerwiegendes Problem. Früher ist sie immer gerne in ihr Bett gegangen; manchmal schon eine Stunde vor Schlafenszeit, um einfach zu lesen oder Geschichten zu hören. Jetzt sträubt sie sich. Selbst beim Mittagsschlaf ist es ihr zu dunkel. „Mami, wenn ich die Augen zumache, ist es dunkel, und dann kommt der Vogel und frisst mich."

Selbstverständlich haben wir erklärt, dass Vögel keine Menschen essen. Wir haben sie gefragt, wie sie auf diese Idee kommt, wo sie so etwas gesehen hat. Wir haben für sie unter dem Schrank und hinter den Vorhängen nachgeschaut – aber nichts konnte sie beruhigen. Abend für Abend sitzt meine Tochter mit müden, aber schreckgeweiteten Augen im Bett und erzählt von ihrer Angst. Was sollen wir bloß tun?

Am Anfang habe ich den großen Fehler begangen und darüber gelacht. „Mäuschen, alles ist gut", habe ich gesagt und bin hinuntergegangen, um die Küche aufzuräumen. Ich war mir ganz sicher, dass Valentina innerhalb von höchstens einer halben Stunde einschlafen würde.

Doch inzwischen ist sie seit zehn Tagen auch um 22 Uhr noch wach, und langsam sehe ich die Sache anders. Stundenlang halte ich nun ihre Hand und zerbreche mir den Kopf, wie wir ihr helfen können. Irgendwann schläft Valentina ein, aber zwei Stunden später steht sie an unserem Bett und sagt wieder: „Mama, ich hab Angst!"

Heute traf ich beim Einkaufen eine Freundin, selbst Mutter von drei kleinen Kindern, und erzählte ihr die Geschichte. Sie gab mir den Tipp, es mit einer Art Gegengeschichte zu probieren. „Hängt Glöckchen an die Fenster und erklärt ihr: Wenn der Vogel kommt, wird er von den Glöckchen vertrieben. Und gleichzeitig werden Mami und Papi gewarnt."

Verzweifelt, wie ich war, betrat ich schon fünf Minuten später das Spielzeuggeschäft. Und was fand ich? Etwas noch viel Besseres: einen kleinen Piraten, an dem ein Windspiel hängt. Ich habe davon gleich zwei Stück gekauft, an die Fenster gehängt und meiner Tochter erklärt: „Das ist Peter Pan. Er ist gekommen, um dich vor dem Vogel zu beschützen."

Valentina hat mir gebannt zugehört und vor dem Schlafengehen noch einmal nachgefragt, ob Peter Pan auch wirklich da sei. Sie wolle ihn sehen. Und ob sie sich dadurch nun wirklich beruhigt fühlte oder einfach nur zutiefst erschöpft war: Seit 19:30 Uhr schläft meine Kleine tief und fest.

In diesem Moment bin ich die glücklichste Mama der Welt!

Liebe Caroline,

meine Motte und ich waren übers Wochenende in Holland, zum Mama-Tochter-Urlaub mit Omi und Opi. Dünen, menschenleerer Strand, Leuchtturm, Freiluft-Pipi inmitten von Seeluft, Sanddorn und Schmetterlingen. Eigentlich herrlich …

Charlotte und ich mussten in einem Bett übernachten, weil kein weiteres zur Verfügung stand. Beim Einschlafen hielt sie meine Hand fest und bat: „Nicht weggehen, Mama, bitte!" Und später: „Warum drehst du dich um, Mama? Möchte dich sehen." Sie brauchte ewig, um die Augen zu schließen. Während der Nacht weinte sie im Schlaf, wachte auf, kontrollierte, ob ich noch bei ihr lag, und turnte dermaßen herum, dass sie zweimal aus dem Bett fiel. Albträume!

Warum? Tja, ich kann nur mutmaßen. Meine Tochter entwickelt sich gerade rasend schnell, äußerlich und innerlich. Jede Veränderung (und dazu zählt auch so ein Wochenendtrip) sorgt bei ihr für An-, Er- und Aufregung.

Innerhalb von 48 Stunden hat Charlotte einen Gordon Setter, der dreimal so groß war wie sie, allein an der Leine geführt. Sie hat sich beim Sanddornpflücken an einer Brennnessel verbrannt, eine Feuerqualle gefunden und „verscheucht" – und einen mittelschweren Nervenzusammenbruch erlitten, als unsere Ferienwohnung am letzten Tag plötzlich nicht mehr für uns betretbar war, weil sie von einer anderen Familie bezogen wurde. „Mamaaa, was soll das? Ich will in *mein* Bett! *Mein* Haus! *Meine* Toilette!"

Als wir gestern Abend wieder im vertrauten Zuhause angekommen waren, sorgte kurz vor dem Einschlafen plötzlich Getrappel auf dem Parkett über uns für Angst. Charlotte begann zu weinen: „Mama, ich hab mich verschreckt. Der Nachbar läuft auf meinen Nerven!"

Na, klar! Mama ist schuld. Ich habe in den letzten Wochen zu viel über die Nervensäge über uns geredet. Alles, was *mich* berührt, ärgert, erschreckt oder bewegt, sorgt auch bei Charlotte für Erregung. Muss ich mich ändern, um meiner Kleinen das Leben zu erleichtern? Ja, auch. Meine Freundin Anja, dreifache Mutti, sagt oft zu mir: „Entspann dich mal! Passiert schon nichts …"

Die Wissenschaft hat herausgefunden, dass Frauen doppelt so häufig Angst haben wie Männer. Und: Angst haben ist normal – und wichtig.

Seit unser Kind auf der Welt ist, habe ich mich in einen grauenerregenden Angsthasen (und Sicherheitsfreak) verwandelt – für meine Verhältnisse. Während ich früher gnadenlos mein Konto überzog, wie Sebastian Vettel Auto fuhr, Altersvorsorge für lästig und Sparen für Teufelswerk hielt, kommen mir heute Klettergerüste himmelhoch vor, und jeder Wasserbottich wird in meinen Augen zum lebensgefährlichen Swimmingpool. Auto fahre ich jetzt vorschriftsmäßig, und mit dem Rauchen habe ich auch aufgehört.

Ich freue mich jetzt schon auf den Zeitpunkt, an dem meine Süße endlich freiwillig und angstfrei ins Bett geht. Bis dahin werde ich nachts so lange mit ihr kuscheln, wie ihre Kinderseele das braucht. Liebe Caroline, bitte sag mir, wo ich diesen Peter Pan bekomme. Ich brauche zehn davon – für mein Schlafzimmerfenster!

Angst haben ist normal – und wichtig.

Und heute?

Leider hat Peter Pans Wunderwirkung nicht lange angehalten. Valentina bekommt auch heute noch Albträume. Der Vogel wurde vom Fuchs abgelöst und der Fuchs vom Wolf. Wir haben Nachtlichter, Leuchtsterne an der Decke und ein generelles Märchenverbot (in Märchen kommen zu viele Wölfe vor). Trotzdem träumt Valentina Nacht für Nacht schlecht und will nicht alleine einschlafen.

Charlotte dagegen hat heute vor ganz anderen Dingen Angst als noch vor drei Jahren. Auch sie will keine Märchen mehr hören. Je mehr Erfahrungen sie sammelt und je mehr Nahrung ihre Fantasie bekommt, desto mehr Sorgen tummeln sich in ihrem Kopf. Zurzeit schläft Charlotte nur mit Schlummerlicht und Mamas Hilfe ein, und trotzdem kommt sie jede Nacht zu den Großen ins Bett.

Wenn sogar Feen versagen: Gibt es Mittel gegen Schnullersucht?

Liebe Christiane,

ist es nicht ein Wahnsinn, wie schnell die Zeit vergeht? Fast drei Jahre alt sind unsere zwei Mäuse inzwischen! Wenn mir während unserer Schwangerschaft jemand gesagt hätte, dass wir uns immer noch darüber unterhalten, wie wir diese verflixten Schnuller loswerden, dann hätte ich vermutlich laut gelacht.

Inzwischen ist mir das Lachen vergangen, denn die Schnullerentwöhnung beschäftigt uns im Moment Tag und Nacht. Valentina hängt an ihrem kleinen Tröster wie Erwachsene am Handy. Tränen und Wutausbrüche sind noch das Geringste, was uns blüht, wenn wir ihn ihr wegzunehmen versuchen. Noch lieber schreit meine wortgewandte Tochter mich an: „Mama, du hast mich nicht mehr lieb!"

Nach unserem Sommerurlaub starteten wir den ersten großen Angriff auf die etwa 25 herumliegenden Schnuller. Alle, die wir finden konnten, wurden eingesammelt und versteckt. Ein einziger Schnuller überlebte dieses Massaker und wurde ganz oben in Valentinas Regal gelegt.

Wie klug kamen wir uns vor, als wir ihr sagten, *der* werde ab jetzt nur noch zum Schlafen rausgelegt. Aber rate mal, was daraufhin passierte! Genau: Urplötzlich wurde unsere Tochter von unerklärlicher Dauermüdigkeit überfallen. Schon nach dem Frühstück und kurz vor dem Kindergarten hieß es: „Mama, Mina ist sooo müde, muss ins Bett …" Und als Nächstes folgte zuverlässig: „Wo ist der Schnuller?"

Plan 2: die Schnullerfee. Wie diese Art der Entwöhnung funktioniert, wissen wir aus unzähligen Berichten: Das Kind legt zu einem vereinbarten Zeitpunkt freiwillig alle Schnuller an einen Ort, von dem die Schnullerfee sie nachts abholt. Im Gegenzug erfüllt die Fee dem Kind einen Wunsch. Leider interessiert sich Mina nicht für diese Fee. Sie will auch nichts geschenkt haben, sie will nur ... ihren Schnuller.

Da ich selbst noch bis ins hohe Alter von fast acht Jahren eine Schmusedecke im Bett hatte, an der ich nuckelte, würde ich momentan am liebsten sagen: Na gut, soll sie ihren Willen bekommen. Allerdings stört meinen Mann und mich, dass unsere eigentlich sprachbegabte Tochter wegen des Schnullers immer undeutlicher redet. Neulich erzählte mir eine andere Mama, dass Kinder durch die Dauerschnullerei das Sprechen sogar wieder verlernen können. Was für ein Horrorgedanke!

Liebe Caroline,

falls es Dich beruhigt: Charlotte greift im Schnullerkonflikt noch zu ganz anderen Geschützen als Deine Tochter. „Mama, du bist doof!" Oder: „Mama, du bist gemein!" Oder – auch sehr schön: „Mama, du bist Aa!"

Ja, auch meine Maus ist schnullerabhängig, und schuld bin ich. Bis zum 15. Monat wollte Charlotte überhaupt keinen Schnuller nehmen. Dann brachen unter Schmerzen und mit Juckreiz zwei Zähnchen auf einmal durch, und plötzlich lag bei uns so ein doofes Ding herum. Zack! Das Saugen linderte die Begleiterscheinungen des Zahnens. Kein Wunder, dass Charlotte ab diesem Moment ihren Schnuller liebte!

Schlafen? Nicht mehr ohne! Ausflüge? Immer im Gepäck! Heute, wenn wir das Haus verlassen wollen, geht Charlotte zuerst die Checkliste durch: „Mama, hast du Ditta (die Lieblingspuppe), Wasser, ein Buch und meinen Schnuller dabei?"

Ihre letzten zwei Backenzähne bereiten unserer Maus seit ungefähr vier Wochen Probleme. Und seitdem nimmt sie das elende Nuckelding, das sie sich zuvor nur zum Schlafen, auf dem Weg zur Kita oder bei akuter Müdigkeit schnappte, nur noch unter Zwang heraus – oder wenn sie etwas Wichtiges zu sagen hat.

Muss meine Tochter in die Betty-Ford-Klinik, um die fiese Schnullersucht zu bekämpfen? Oder bin ich wieder mal diejenige, die in die Erziehungsschule gehört?

Fakt ist: Experten würden angesichts dieser Zeilen den Kopf schütteln. Schnuller können, vor allem im intensiven Dauereinsatz, Kiefer- und Zahnfehlstellungen verursachen und tatsächlich für Sprachstörungen verantwortlich sein. Ärzte raten, Schnuller spätestens zum Ende des zweiten Lebensjahres in den Müll zu werfen.

Bislang habe ich's immer nur ein bisschen versucht, denn ich hatte Respekt vor den Nächten voller Geheule und Geschrei, die unweigerlich folgen würden. Ich konnte es schon hören: „Mamaaa, WO IST MEIN SCHNULLER?"

Ich habe zwar bereits angekündigt, dass die Schnullerfee spätestens kommt, wenn Charlotte drei wird, und wir besitzen diverse Bücher, die das Schnullerthema beenden sollen. Außerdem zeige ich meiner Tochter immer wieder „die großen Kinder, die keinen Schnuller brauchen". Aber Charlotte spürt ganz genau, dass ich es nicht wirklich ernst meine.

Fazit: Liebe Caroline, Du und ich, wir müssen mal wieder konsequent sein. Lass uns endlich einen Tag festlegen, an dem die Schnullerfee (oder einer ihrer Kollegen) kommt und nicht wieder kurz vor dem Kinderzimmer abdreht. Und dann sind die Dinger unwiederbringlich weg.

Nach ein paar Tagen und Nächten dürften sich unsere Töchter damit abfinden, und irgendwann können wir uns vermutlich gar nicht mehr vorstellen, dass wir uns bei dem endgültigen Aus für den Schnuller so dämlich angestellt haben.

Danach muss ich mir nur noch überlegen, welches Gegenmittel mir für „Mama, du bist Aa!" einfällt …

Ende des 2. Lebensjahres gehört der Schnuller in den Müll.

Und heute?

... ist der Schnuller zum Glück Vergangenheit.

Zu Valentina kam die Schnullerfee am vierten Geburtstag und brachte eine Barbie. Die Sache ging erstaunlich friedlich über die Bühne. Zuvor hatte Valentina sich zusammen mit ihrer Oma heimlich einen Schnuller gesichert und ihn versteckt. Bis heute hat sie ihn nie mehr benutzt, nur angesehen, so viel Respekt hat sie vor dieser tollen Fee!

Caroline denkt sich heute, sie hätte den Schritt schon früher machen sollen. Aber im Nachhinein lässt sich das natürlich immer leicht sagen.

Christianes Tochter war schon wenige Tage nach dem oben beschriebenen Anti-Nuckel-Beschluss über den Schnullerberg. Gegenleistung: eine sandkastengroße Schaufel! Nur einen Abend quengelte Charlotte herum, bevor der Stolz darauf, nun ein schnullerloses, großes Kind zu sein, die Oberhand gewann.

Mit den Nuckelflaschen ließ Christiane ihrer Tochter und sich allerdings noch ein paar Monate mehr Zeit. Eine existiert im Hause Hoffmann bis heute: zum Spielen und für Notfälle. Bei Fieberinfekten tut sie nach wie vor gute Dienste, um dem kranken Kind wenigstens ein kleines bisschen Feuchtigkeit einzuflößen.

Schluss mit dem Windelwahnsinn!
Jetzt geht's aufs Töpfchen

Liebe Christiane,

mein Mann und ich sind sehr stolz auf unsere Tochter! Valentina ist mit ihren zwei Jahren seit inzwischen vier Monaten trocken. Also, jedenfalls trocken nach der Definition: Sie geht auf die Toilette, wenn sie es bis dahin schafft. Und nicht vergessen hat. Rechnen wir also zusammen, wie viele Unfälle es inzwischen gegeben hat, bin ich mir plötzlich nicht mehr so sicher, ob Valentina wirklich trocken ist ...

Ein sehr appetitliches Beispiel aus jüngster Zeit: Wir sitzen im Skiurlaub beim Abendessen, als Valentina beschließt, unter den Tisch zu krabbeln. Eigentlich macht sie so etwas nicht, aber mein Mann und ich genossen unser Abendessen und waren froh, dass Kind Nr. 1 da unten Ruhe gab.

Doch wir Mamis verfügen ja über gewisse Instinkte, und meiner sagte mir: Hier stimmt etwas nicht. Eine kleine Geruchsprobe später war klar: Valentina hatte den Platz unter der Tischdecke mit einer Toilette verwechselt. Freudestrahlend sagte sie zu mir: „Mami, Windel wechseln?"

Wutentbrannt erwiderte ich: „Würde ich ja gerne, wenn da eine wäre!"

Klar, dass das Abendessen beendet war. Mina wurde geduscht, und ich erfreute mich am Auswaschen von Unter- und Strumpfhose mit hoteleigenem Shampoo.

Am nächsten Abend das gleiche Spiel: Valentina kroch Punkt 19 Uhr unter den Tisch. Boris und ich riefen gleichzeitig: *Nein! Wir haben doch darüber geredet, Valentina, nicht hier! Komm, wir gehen auf die Toilette."*

Valentina antwortete darauf nur: „Nein, alles gut, ich spiel nur." Zehn Minuten später erreichte allerdings eine klare und eindeutige Geruchsbotschaft unsere Nasen. Wieder einmal rannten wir peinlich berührt aufs Zimmer.

Das Hotel schien es Valentina insgesamt angetan zu haben. Schon am darauffolgenden Nachmittag traf es das Kinderschwimmbecken. Wir waren zum Glück alleine, sodass ich über eine halbe Stunde lang die Einzelteile (igitt!) aus dem Wasser fischen konnte. Valentinas kleine Schwester hätte uns allerdings doch noch fast an frisch eingetroffene Badegäste verraten, als sie freudig rief: „Iiih, Mina Kaka, Bade-Bade!"

Danach trug Valentina wieder Windeln. War das nun völlig falsch oder sogar egoistisch von uns? Denn sie muss es ja lernen.

Fragt man erfahrene Mamis, heißt es zu dem Thema immer: „Jedes Kind geht irgendwann auf die Toilette. Macht keinen

Druck, das kommt schon. Ach, aber wenn's geht, fangt im Sommer an: Da ist's einfacher, weil man die Kleinen nackt rumrennen lassen kann. Sie ekeln sich dann schon, wenn sie sehen, wie das Pipi an ihnen herunterläuft."

So viel zur Theorie. In der Praxis sah es bei uns leider so aus, dass Valentina im Sommer einfach nicht wollte. Ohne Windel war sie zu gar nichts zu bewegen. Momentan halten wir es so, dass wir ihr in brenzligen Situationen, also bei langen Autofahrten, Restaurantbesuchen oder auf dem Spielplatz, eine Windel anziehen. Meistens will sie eigentlich nicht, aber wir wollen. Und im Kindergarten hängt ein großer Sack mit Wechselklamotten. Ich bin gespannt, wie sich die Sache weiterentwickelt.

Liebe Caroline,

meine Tochter ist stubenrein! Und ich kann absolut gar nichts dafür: Charlotte wollte es einfach so. Mit zwei Jahren entschied sie für sich und den Rest der Welt: „Mama, ich schlafe in großes Bett!" Und: „Mama, ich will keine Windel mehr!"

Tagsüber war sie schon länger windelfrei herumgelaufen, und seit Tagen war ihre Nachtwindel morgens wüstentrocken, während die Motte direkt nach dem Aufwachen eiligst zur Toilette rannte. Den letzten Schritt tat sie während unseres Sylturlaubs. In den drei Wochen an der Nordsee ging nur zweimal nachts etwas ins Bett. Ansonsten? Passgenaue Meldungen: „Mama, Pipi!" Und auch das große Geschäft wurde nun in die Schüssel gejagt.

Ein paar Wochen zuvor hatte sie sich zu Hause ins Bad geschlichen, die Tür angelehnt und gerufen: „Mama, raus! Nicht zugucken!" Ich hielt mich daran. Nach ein paar Minuten holte sie mich ins Badezimmer, zeigte voller Stolz auf ihr blaues Töpfchen und sagte: „Mama! Da, ich habe reingemacht. Mein Aa! Ich will auch Papa zeigen."

Als Mutter habe ich so einige Schamgrenzen hinter mir gelassen. Um den Anblick dieser Leistung für Papa zu konservieren, fotografierte ich also Charlottes ganzen Stolz und präsentierte das Bild meinem – sagen wir mal: erstaunten – Mann kurz vor dem Abendbrot. Dazu erzählte ihm Charlotte, was sie am Nachmittag Prächtiges vollbracht hatte.

Wann ist Schluss mit der Windel?

Nicht Mama, Papa oder die Kindergärtnerin entscheiden, wann ein Kind Ade zur Windel sagt, sondern der kleine Windelträger selbst. Der Schritt passiert von allein, und zwar dann, wenn das Kind die nötige Reife erlangt hat – sprich: wenn es selbst wahrnimmt, dass es muss.

Setzen Sie es dabei bloß nicht unter Druck. Was aber hilft, ist Anregung:

- Kaufen Sie ein Töpfchen.
- Lesen Sie gemeinsam Bilderbücher, in denen das Thema Trockenwerden in eine Geschichte verpackt wird.

Vor allem: Achten Sie auf Anzeichen, dass Ihr Kind bald so weit ist. Dann kann es sich in der Regel die Hose (und die Windel) selbst ausziehen, hat regelmäßig Stuhlgang und guckt interessiert zu, wenn die Großen mal müssen. Vor allem aber fühlt es sich mit einer vollen Windel nicht mehr wohl.

Aber Achtung: Durch Belohnung oder Bestrafung beschleunigen Sie nichts. Wenn's länger dauert, geht die Welt nicht unter.

Wir haben das Foto übrigens nicht gelöscht, und Charlotte hat seit dem Sylturlaub kein einziges Mal mehr in die Hose gemacht.

Zuvor hatte mich meine Mutter immer mal wieder gedrängt, es doch mal ohne Windel zu versuchen. Und auch von anderer Seite kam der deutliche Hinweis, wir sollten uns des Themas endlich annehmen: Eine von Charlottes Kindergärtnerinnen fabulierte sogar, ihre Tochter sei schon mit vier Monaten sauber gewesen. (Nee, ist klar – und die Erde ist eine Scheibe.)

Ich halte gar nichts von Zwang, denn Zwang kann zur Folter werden. Das habe ich gerade neulich wieder erlebt: Da wartete nämlich das Kind einer Freundin weinend in der Kita auf Mama und schrie völlig verzweifelt: „Mama, Windel!"

Obwohl man im Kindergarten weiß, dass dieses Mädchen mit seinen drei Jahren zwar Pipi auf der Toilette macht, aber für den Stuhlgang fast immer nach einer Windel verlangt, wurde ihr die verwehrt: entweder aufs Klo – oder Pech gehabt... Geht's gemeiner?

Als endlich die Mutter kam und ihre Tochter mit einer Windel aus ihrer Verzweiflung erlöste, war die Welt wieder in Ordnung.

Das mit der Windel für spezielle Bedürfnisse kommt übrigens gar nicht so selten vor. Die heute große Tochter einer lieben Freundin ließ sich sogar mit fünf noch manchmal eine Windel anlegen, verdrückte sich in eine dunkle Ecke und kam einfach irgendwann wieder.

Was mich damals faszinierte, war die Lässigkeit, mit der ihre Mama damit umging. Sie gab der Tochter das Gefühl, absolut nichts Falsches zu tun, sondern machte sie nur darauf aufmerksam, dass sie auch die Toilette aufsuchen könnte.

Heute ist die ehemalige Windelmaus Klassenbeste, ohne dass ihre Mutter sie zum Lernen zwingen müsste. Sie spielt freiwillig und völlig ohne Zwang perfekt Klavier, super Tennis und fährt wie Maria Riesch die Hänge runter. Mit Dummheit oder mangelndem Ehrgeiz hat also eine volle Windel wirklich gar nichts zu tun!

Übrigens rief mich gerade Charlotte an, die heute durch Omi und Opi von der Kita abgeholt wurde. Charlotte: „Du, Mama, ich habe heute zweimal in die Hose gemacht. Nicht schlimm!"

Nein, überhaupt nicht schlimm, meine Süße. Die Kindergärtnerin hat meiner Mutter allerdings ernsthaft geraten, den Arzt aufzusuchen. Tja.

Und heute?

Drei Jahre später wissen Caroline und Christiane: Jedes Kind braucht seine eigene Zeit zum Trockenwerden. Bei Valentina dauerte es noch etwas länger, Victoria dagegen war bereits mit knapp über zwei Jahren trocken – allerdings besuchte sie auch einen Kindergarten, in dem fleißig mit ihr geübt wurde. Ein bisschen witzig fanden Caroline und Boris es schon, dass die beiden Töchter trotz des Altersunterschieds von 18 Monaten am Ende beide fast zeitgleich auch die Nachtwindel wegließen – ohne Zutun der Eltern. Caroline zog ihnen zwar anfangs noch heimlich nach dem Einschlafen Windeln an, aber als nach einer Woche noch immer alles trocken blieb, war klar: Windeln gehören der Vergangenheit an. In die Hose gegangen ist bis heute nichts mehr.

Die größte Strafe, die sich Charlotte beim Spielen ausdenken kann, lautet: „Du bekommst eine Windel an!" Sprich: Windel ist was für kleine Pupsis, nicht für sie!

Und in den drei Jahren seit dem zweimaligen Pipi im Kindergarten ist nix mehr danebengegangen.

Rülpsen, pupsen, kleckern: Wie lernt mein Kind Manieren?

Liebe Christiane,

neulich beim Abendessen: Valentina rülpst und findet's witzig. Wir lachen und finden es auch witzig. Denn wer rechnet schon damit, dass unsere Dreijährige das Lachen zum Anlass nehmen könnte, fortan permanent zu rülpsen? Ab Rülps Nummer 3 vergeht uns das Lachen; wir schimpfen, dass sich das nicht gehört. Als ich sie frage, warum sie nicht aufhört, erklärt mir Valentina: „Warum denn? Papa rülpst doch auch!"

Hmm. Papa rülpst ab und zu, Mama trinkt gerne direkt aus der Flasche, und überhaupt scheinen unsere Manieren in den letzten Jahren ganz schön gelitten zu haben. Wenn ich darüber nachdenke, wie oft am Tag bei uns Dinge passieren, die eigentlich nicht okay sind ... Oje.

Männer haben zu solchen Verhaltensweisen meistens ein entspannteres Verhältnis. Und wenn meine Einjährige morgens aufwacht, mir sagt „Mama, Vittoria Pups!" und dann tatsächlich pupst, lachen wir herzlichst. Doch irgendwann werden wir auch ihr erklären müssen, dass man so etwas eigentlich nicht tut. Jede Mahlzeit hinterlässt bei uns ein Schlachtfeld. Danach liegt Mama mit Besen und Kehrschaufel unter dem Esstisch und fegt Reis, Erdbeeren und Bulettenreste auf. Ist doch normal. Oder nicht? Wir haben schließlich zwei Kinder unter drei – wie sollen sie es in dem Alter besser wissen?

Blöd allerdings, dass mir ein Wochenendbesuch von Patentante Maren aus Düsseldorf bewies: Doch, es geht. Ihre beiden Kinder sind nur drei Monate beziehungsweise ein Jahr älter als meine, aber sie benahmen sich so gesittet, dass ich mich fragte, welchen Joker Maren wohl in petto hat. Nichts fiel zu Boden, beide tranken manierlich aus ihrem Becher, und von Rülpsern oder Ähnlichem war nichts zu hören.

Früher wies mein Vater immer und immer wieder darauf hin, dass die Ellenbogen nicht auf den Tisch gehören, dass wir Kinder nicht zu reden hätten, wenn Erwachsene miteinander sprechen, und dass man nicht einfach aufsteht, ohne gefragt zu haben. Lange dachte ich: Typisch Nachkriegsgeneration – die Armen, das ist so spießig!

Heute dagegen wünschte ich mir mehr Disziplin in unserem Haushalt. Neulich hat Valentina sogar ein Kinderbuch eingefordert, als sie gerade auf der Toilette saß. Ich war so perplex, dass ich mir die Frage verkniffen habe, woher sie diese Idee wohl hat.

Wenn wir unseren Kindern Manieren beibringen sollen, müssen wir uns wohl erst einmal selbst neu erziehen. Das kostet Kraft und Nerven. Manchmal ist die Versuchung groß, einfach über unsere Töchter zu lachen, wenn sie verbotene Dinge tun. Hoffentlich wird trotzdem etwas aus ihnen.

„Wenn alles scheitert", erklärte mir neulich eine neu zugezogene Mama aus Paris, „dann gibt es ja auch noch den Kindergarten." Zumindest scheint das in Frankreich so zu sein. Ihre zweijährige Tochter, die bereits perfekt mit Gabel und Messer essen und sich selbst anziehen konnte und dazu noch windelfrei war, hat das innerhalb von nur drei Monaten in Deutschland wieder verlernt. Aber das ist vielleicht ein neues Thema …

Liebe Caroline,

woher soll mein Kind denn gute Manieren bekommen, wenn ich selbst das Gegenteil von perfekt bin?

Charlotte entschuldigt sich, wenn sie mit dreckigen Schuhen gegen den Beifahrersitz tritt, rülpsen muss, pupst oder ohne Hand vor dem Mund hustet, nennt mich aber lauthals vor anderen Leuten „blöde Mama", „dicke Mama" oder „alte Mama". Ach ja, sie popelt, als gälte es, Gold für sich und alle ihre Nachfahren zu schürfen, und schmiert das triefende Nasengold dann gerne an meine Jeans, Papas Sakko oder irgendeinen Tisch oder Stuhl. Klar, beim ersten Mal haben wir noch gelacht. Also sind wir selbst schuld? Ja!

Genau wie bei Euch sind die Mahlzeiten auch hier ein besonderes Thema. Gerade sitzen? Fein säuberlich mit Messer und Gabel essen? Nur mit Glück. Und wehe, wir besuchen ein Restaurant! Kürzlich machte ich mit meiner Mutter und meiner Tochter Frauenurlaub. Ich übte mich nach Kräften im Ignorieren anderer Gäste im Rentenalter, die mich vorwurfsvoll anguckten – entweder weil mein Kind aß wie ein Ferkel, oder weil es durch das iPhone ruhiggestellt war, damit Mama über den Vorspeisensalat hinauskam.

Heidi Klum, ihres Zeichens Supermodel, TV-Moderatorin und entspannte, aber strenge Vierfachmama, erzählte kürzlich in einem Interview, wie sie es mit den Manieren hält. Ihre Kinder sollen Respekt vor ihren Eltern und anderen Menschen lernen. Heidi Klum möchte, dass sie von sich aus Danke sagen. Die Kinder sollen wissen, dass zu Hause die Großen das Sagen haben – genau wie früher bei Klums zu Hause. Gegessen werde in der Küche, und zwar das, was auf den Tisch kommt. Sie gehe regelmäßig mit den Kindern essen, sagte sie; allerdings sei es für die anderen Gäste nicht immer witzig, wenn sie mit ihrer lauten Rasselbande ankäme. Nur so könnten die Kinder allerdings lernen, dass man sich benehmen müsse. Es sei toll, wenn der Kellner käme und sich die Kinder bedankten, ohne dass man sie darauf hinweisen müsste. Trotzdem fühle sie sich in puncto Erziehung manchmal wie eine Schallplatte, die einen Sprung hat, weil sie immer wieder dasselbe wiederhole: Sitz bitte gerade! Hände auf den Tisch! Nicht die Ellenbogen aufstützen! Sag Bitte! Sag Danke!

Kinder brauchen Benimmregeln – Erwachsene auch!

Geht uns doch allen so, oder?

Brauchen wir einen Kinder-Knigge? Wenn ihn die Großen auch befolgen – ja! Kinder brauchen Regeln, auch was ihr Benehmen betrifft! Und gute Manieren helfen dabei, sich in der Welt zurechtzufinden. Wenn Mama sich nicht wie ein Ferkel verhält, werden auch aus den Kleinen keine Schweinchen.

Und heute?

Inzwischen sind wir erstaunt, über was für gute Tischmanieren unsere Kinder inzwischen verfügen: Sie fragen, ob sie vom Tisch aufstehen dürfen. Sie werfen nichts mehr durch die Gegend und entschuldigen sich, wenn doch mal etwas daneben landet. Natürlich gibt es noch zig Dinge, die nicht funktionieren, aber wir bewegen uns in die richtige Richtung. Irgendwann haben wir einfach angefangen zu erziehen: Wer sich nicht an die Regeln hält, für den ist das Essen beendet. Wir räumen dann den Teller konsequent ab. Das hilft. Fast immer.

Manieren: Was muss ein Kind können?

- „Bitte" und „Danke" sagen.
- Sich entschuldigen. Wer sich entschuldigt, hat sein Verhalten überdacht. Das können sogar Dreijährige.
- „Guten Tag" sagen. Höflich zu sein bedeutet, nicht einfach wortlos nach unten zu starren. Aber zwingen Sie Ihr Kind bloß nicht, wenn es schüchtern auf andere Menschen reagiert. Das ist völlig normal.
- Ausreden lassen. Schon Kleine dürfen lernen, dass man sein Gegenüber ausreden lässt, auch wenn das Mitteilungsbedürfnis noch so groß ist.
- Schimpfwörter sind Sch…! Wenn Sie Kraftausdrücke verbieten, wird das Gegenteil des gewünschten Effekts eintreten. Der Reiz der schlimmen Wörter verliert sich erstaunlicherweise, sobald Sie Sch… erlauben. Wenn Sie bestimmte Worte definitiv nicht wieder hören wollen, erklären Sie Ihrem Kind den Grund dafür.
- Tischmanieren. Die sind wichtig, und man kann nicht früh genug damit anfangen, sie vorzubeten und vor allem vorzuleben. Also: Schlürfen und Schmatzen sind nicht erlaubt, Ellenbogen gehören nicht auf den Tisch, und Messer und Gabel sollten benutzt werden.
- Die wichtigste Regel: Die Großen müssen alles vorleben und auch selbst das Wasser aus dem Glas statt aus der Pulle trinken, beim Gähnen und Husten die Hand vor den Mund halten, Älteren und Schwächeren helfen, sich höflich, zuvorkommend und umsichtig benehmen und anderen zur Begrüßung die Hand geben. Nur was wir Großen machen, lernen auch die Kleinen spielend leicht.

Zum Heulen! Kindern den Tod erklären

Liebe Christiane,

in unserem Familien- und Freundeskreis sind im vergangenen Jahr viele Menschen gestorben, darunter die über alles geliebte Großmutter meines Mannes und mein Vater. Auch ein enger Freund von uns überlebte den Krebs nicht. Erstmals mussten wir uns der Frage stellen, wie wir unseren Kindern den Tod erklären. Warum ist Uroma Ita auf einmal nicht mehr da? Wo ist sie jetzt? Warum weinen Papi und Mami so oft, wenn die Verstorbenen doch jetzt alle bei den Engelchen wohnen? Und warum gibt es eine Krankheit, die wie ein Meerestier heißt?

Natürlich hatte sich der Tod der Uroma angekündigt. Aber während wir Erwachsenen alle mit zusahen, wie es Ita immer schlechter ging, blendeten Valentina mit ihren vier und Victoria mit ihren zwei Jahren diese Tatsache einfach aus. Stattdessen benutzten sie Itas Rollator als „Einkaufswagen" und forderten die 93-Jährige auf, mit ihnen Fußball oder Luftballon zu spielen. Je ernster die Situation wurde, desto direkter wurden auch ihre Fragen. Ich weiß nicht, wie viele Male ich meine Töchter nur knapp davon abhalten konnte, zu Ita zu gehen und sich zu erkundigen, wann sie denn nun sterben und die Engelchen sehen würde. Die Kinder schienen das als Spiel zu betrachten. Wir dagegen erstarrten jedes Mal, weil wir nicht wussten, wie die alte Dame reagieren würde.

Als dann auch noch mein Vater starb, wurde es höchste Zeit, ernsthaft mit den beiden zu reden. Ich wusste, dass wir nach einer Form suchen mussten, die es Valentina und Victoria ermöglichte, ihre Fragen zum Tod loszuwerden. Genau wie mir schon vor vierzig Jahren half auch ihnen der Glauben an den lieben Gott. Jeden Abend beten wir seitdem zusammen das Vaterunser, und danach denken wir ganz fest an Ita, unseren Freund Cesar und meinen Vater. Das tut den

Kinder betrachten den Tod erst einmal als Spiel.

Kindern gut und mir auch. Wir erzählen den Verstorbenen, was wir an diesem Tag erlebt haben, und wünschen ihnen eine gute Nacht auf der Wolke, auf der sie nun sitzen, wie meine Kinder glauben.

Ich habe den beiden erklärt, dass es eine Krankheit namens Krebs gibt, an der man sterben kann, die aber glücklicherweise oft geheilt werden kann. Und ich habe ihnen gesagt, dass man sterben muss, wenn man alt ist. Wie viel die Kinder davon wohl wirklich verstanden haben? Ich weiß es nicht. Jedenfalls steht fest, dass es sie beschäftigt. Sie fragen nun ihre Münchner Oma bei jedem Besuch, ob sie auch bald stirbt. Wenn wir in den Urlaub fliegen, presst Victoria den Kopf gegen die Scheibe, um Ita auf den Wolken zu suchen. Ich finde das gleichzeitig rührend und unfassbar traurig und schön. Manchmal bin ich froh, dass Kinder mit dem Tod so offen und angstfrei umgehen. Ich werde alles dafür tun, dass es so bleibt. Auch wenn unsere Unterhaltungen zu dem Thema manchmal etwas absurd enden:

Valentina: „Mama, woran ist Ita gestorben?"
Ich: „An Krebs."
Valentina: „Und Cesar?"
Ich: „An Krebs."
Valentina: „Und Opa?"
Ich: „Der hat noch sein Frühstücksei gegessen und ist dann tot vom Stuhl gefallen."
Valentina: „Oh. Mama, kann man an Eiern sterben? Ich esse ab jetzt keine Eier mehr!"

Liebe Caroline,

Charlottes Opa geht's schlecht. Er liegt in einem Pflegeheim, leidet an Alzheimer und Parkinson und hat dann auch noch bei einer schweren OP mehrere Hirnschläge erlitten. Jetzt wird er künstlich ernährt und wacht nur noch selten auf. Er versucht zu sprechen, aber es geht kaum mehr. Es ist unendlich traurig, ihn so schwinden und gehen zu sehen.

Charlotte, vier Jahre jung, bewegt das. Sehr. Auch weil sie uns plötzlich weinen sieht. Aber es lässt sie andererseits auch erstaunlich kalt. Wenn wir ihn besuchen, sagt sie schnell „Hallo" und guckt kurz über den Bettrand, um sich dann schleunigst mit ihren Malsachen, ihrem Spielzeug oder ihren Kopfhörern auf einen Sessel zu verziehen.

Aber sie stellt viele Fragen zum Tod: Wer wann wie stirbt und warum. Wo man dann hinkommt. Ob man in den Himmel seine Einhörner und Filly-Pferde mitnehmen darf. Und was denn wäre, wenn ich sterben würde: „Bekomme ich dann eine neue Mama? Und was ist, wenn ich die doof finde?" Oder sie erklärt mir, wie schrecklich mein Tod wäre: „Denn dann muss ich ja mit dahin, wo du hingehst, und da will ich vielleicht gar nicht hin." Und: „Mama, weinst du auch, wenn ich sterbe? So viel, dass das ganze Haus unter Wasser steht?"

Manche Kinderworte werfen einen selbst aus der Bahn.

Und dann kommen plötzlich diese Kinderklöpse, die einen völlig aus der Bahn werfen, weil man doch selbst so viel Trauer und Angst und auch ein bisschen Hoffnung in sich trägt. Glücklicherweise war meine Schwiegermama gerade aus dem Krankenzimmer gegangen, als Charlotte verkündete: „Mama, ich will, dass der Opa stirbt. Ich kann gar nicht mehr mit ihm reden. Der kann nicht mehr mit mir fangen spielen."

Ja, was sollst du da als Mutter sagen?

Ich habe Charlotte erklärt, dass wir alle den Opa liebhaben, auch wenn er nicht mehr so sprechen kann, dass wir ihn verstehen. Dass es uns im Moment sehr traurig macht, ihn sterben zu sehen. Und dass die Oma und ich und Papa noch viel trauriger werden, wenn sich jemand wünscht, dass der Opa stirbt.

Ja, das ist nicht nur peinlich: Worte können auch richtig wehtun. Zuerst habe ich befürchtet, ich überfordere Charlotte, aber sie scheint es verstanden zu haben. Jedenfalls kam sie Tage später, um sich für ihren „Wunsch" zu entschuldigen.

Drum prüfe, wer sich ewig bildet: Gibt's die perfekte Grundschule?

Liebe Caroline,

wenn ich zurzeit die Einschulungsdiskussionen mancher Muttis in unserem eigentlich herrlich stinknormalen öffentlichen Kindergarten mit anhöre, dann denke ich manchmal: Die tun grad so, als ginge es um britische Elite-Unis statt um die Auswahl der richtigen Grundschule. Da werden Forderungen und Erwartungen laut, die ich persönlich unwichtig bis lächerlich finde.

Kurze Beine, kurze Wege!

Meine Mama hat mir den wichtigsten Grundsatz bei der ganzen Sache quasi ins Hirn diktiert: Kurze Beine, kurze Wege! Übersetzt heißt das: „Wenn du willst, dass sie irgendwann glücklich und selbstständig mit ihren Freunden zusammen zur Schule radelt, dann such dir eine Schule bei euch in der Nähe." Und wenn Charlotte in der von uns aus am nächsten gelegenen Schule nun niemanden kennt? „Dann hat sie nach ein paar Tagen halt ein paar neue Freunde – und natürlich auch kleine Feinde."

Weil wir pünktlich vor der Einschulung umziehen, habe ich die Suchmaschine angeworfen. Siehe da: Zwei Schulen liegen in direkter Nähe unseres neuen Zuhauses. Eine ist nur 840 Meter entfernt und – ein Glücksfall für mich als berufstätige Mutter – Übermittagbetreuung mit relativ flexiblen Abholzeiten. Homepage angeguckt, Direktorin mit der Bitte um Infos angemailt. Sie war so nett, uns zum Sommerfest einzuladen, damit wir schon vor dem Tag der offenen Tür einen Eindruck gewinnen können. Charlotte fand es dort super mit den großen Kindern und dem spitzenmäßigen Klettergerüst.

Für den Fall, dass ich doch noch ins Grübeln gerate, hat unsere Kindergartenleiterin mir noch einen Tipp gegeben: Ich solle mich mal in einer Pause auf oder an den Schulhof stellen und das Treiben beobachten. Hauen sich die Kinder gegenseitig die Köpfe ein? Oder greifen die Lehrer beherzt durch? Wie geordnet wirkt das Chaos?

Fazit: Ich bin ein Fan dieser Grundschule und hoffe, dass es Charlotte auch so gehen wird. Ich bin früher total gern zur Schule gegangen, denn Lernen fand ich aufregend. Jetzt hoffe ich nur, dass unsere Kleine diese Neugierde irgendwie mit den Genen mitbekommen hat. Der Rest wird sich zeigen. Ich habe zwei große, offene Ohren, mit denen ich alle Sorgen meiner Kleinen wahrzunehmen versuche.

Im Zweifel mache ich sie mit einer extragroßen Schultüte mürbe. Das klappt schon.

Liebe Christiane,

meine Kinder freuen sich auf die Schule. Wenn man sie fragt, gehen sie eigentlich sowieso schon längst hin. Denn wir sind ein Sonderfall: Hamburg hat, wie jede größere deutsche Stadt, eine französische Schule. Und da mein Mann in Frankreich groß geworden ist, dürfen meine Töchter aufs Lycée gehen, das praktischerweise gleich bei uns um die Ecke liegt.

Bei den Franzosen wird man bereits in den Kindergarten „eingeschult". Das heißt, dass ich mich aus all den Schulwahldiskussionen heraushalten kann. Wir müssen nicht überlegen, wo unsere Töchter hingehen sollen und welche Schule den besten pädagogischen Ansatz hat. Wir bleiben einfach, wo wir sind.

Um mich herum sorgen sich meine Freundinnen um die Zukunft ihrer Kinder. In der einen Schule fallen massenhaft Stunden aus. In der anderen Schule legt man vor allem Wert auf Yoga und Qigong, sodass sich die Eltern fragen, ob bei all der fernöstlichen Gelassenheit auch irgendwann gelernt wird.

Die meisten dieser Diskussionen halte ich für völlig übertrieben. Warum können die Kinder nicht einfach zur Schule gehen, ohne dass die Eltern jetzt schon auf den Master schielen? Bei uns hat's doch auch geklappt! Meine Kinder jedenfalls freuen sich täglich darauf, in ihre „Schule" zu gehen. Die einzige Veränderung, die im nächsten Jahr auf Valentina zukommt, ist, dass sie sich einen Schulranzen aussuchen darf. Na, und eine Schultüte bekommt sie natürlich auch. Aber ansonsten geht es für sie im selben Gebäude, in denselben Zimmern weiter wie bisher.

Wie beruhigend!

Geliebte Rotzgören

Machen wir uns nichts vor: Ja, wir lieben unseren Nachwuchs heiß und innig. Aber manchmal könnte einem vor lauter Wut, Schlafentzug oder Machtlosigkeit schon der Blusenkragen platzen!

Schon wenige Stunden nach der Geburt wird einem als Mama klar: Kinder sind definitiv nicht nur ein Sechser im Lotto. Kinder machen Dreck (und andere übel riechende Sachen), schlafen zu wenig (oder genau dann, wenn man selbst *nicht* schlafen kann), können ganz übel nerven, und manchmal treiben sie einem wirklich die Schamesröte ins Gesicht.

Richtig hart wurde es für uns irgendwann ab dem zweiten Lebensjahr. Denn da entdeckten Valentina und Charlotte, dass man die gerade erworbene Sprache prima als Waffe einsetzen kann: „Mama, du bist Aa!" Außerdem entwickelten sich ihre Egos mit solcher Macht, dass unsere Töchter unerfüllte Wünsche, Müdigkeit oder Hunger (oder am schlimmsten: alles gleichzeitig) mit ohrenbetäubenden Kreischanfällen quittierten, gerne auch mal direkt vor der Wursttheke.

Es ist in solchen Momenten nicht nur das Geschrei, das an den Nerven zerrt. Nein, es sind auch diese mitleidigen Blicke der Umstehenden und die ganz und gar ungebetenen Kommentare („Na, ob da wohl die Windel voll ist?").

So sehr wir also unsere Rotzgören auch lieben: Mitunter können sie unfassbar peinlich sein. Das Gute ist: Im Rückblick kann man über fast alles lachen – irgendwann.

Du Sklavin, ich Bestimmer:
Kinder sind Tyrannen

Liebe Christiane,

„Mamaaa: Mimi, Eineer, Teddy!", schallt es durch unser Haus. Meine fast zweijährige Tochter will ihre Flasche, den Schnuller, das Kuscheltier, gebracht wahlweise von der Hauptsklavin (Mutter) oder vom Nebensklaven für die Abende und Wochenenden (Vater). Natürlich *braucht* sie keinen der drei Gegenstände in diesem Moment. Aber sie will sie jetzt eben haben, genau wie noch weitere zehnmal an diesem und jedem beliebigen anderen Tag. Und das bitteschön pronto, zacki, auf der Stelle!

Mein Mann und ich gucken unsere bezaubernde Tochter an und fragen uns, wann genau aus ihr dieser unausstehliche Feldwebel geworden ist. Schlage ich in meinen Erziehungsratgebern nach, lese ich, dass selbstverständlich alles meine Schuld ist. Unsere Kinder werden, so heißt es da, nicht als Tyrannen geboren, sondern wir Eltern sind es, die sie dazu machen: weil wir unsere Kinder, auf die wir jahrelang gewartet haben, nun zu sehr lieben und ihnen jeden Wunsch von den Augen ablesen.

> Wir Eltern machen unsere Kinder zu Tyrannen.

Möglicherweise steckt in dieser These ein Fünkchen Wahrheit. Aber erträgst Du es etwa, wenn Dein Kind schreit und heult und Du genau weißt, dass sich das durch Rausrücken von Schnuller oder Milchfläschchen ganz schnell abstellen lässt? Natürlich sind damit die Weichen für den schnurgeraden Weg in die kindliche Terrorherrschaft gestellt. Konsequent muss man sein, sagen die Pädagogen, Frustrationen zulassen. Kinder, die nicht ertragen können, dass es mal nicht nach ihrem Willen läuft, bekommen später angeblich riesengroße Schwierigkeiten in Kindergarten und Schule.

Aber diese Art von Konsequenz halten leider meine Nerven nicht durch. Außerdem frage ich mich: Waren wir etwa damals keine Tyrannen? Ist das nicht jedes Kind irgendwie? Ich gehe ja sogar bis heute davon aus, dass ich nur bei meiner Mutter anzurufen brauche, um bei ihr *sofort* Gehör für *alle* meine Probleme zu finden. Ich war schon weit in den Zwanzigern, da hat sie mir immer noch meine Wäsche gewaschen und mir im Paket Marmorkuchen nach Hamburg geschickt. Das fand ich süß – und ganz normal. Tyrann eben! Dennoch bleibt die Sorge, dass sich bei der jetzigen Kindergeneration etwas verändert hat. Lehrer berichten, dass Schüler keine Respektspersonen mehr akzeptieren und Anweisungen nicht mehr ausführen können. Und die Rede ist hier nicht von Kindern aus schwierigen Verhältnissen, sondern von ebenjenen heiß geliebten Mittelstandsgeschöpfen, wie auch wir eins bekommen haben. Müssen wir also doch strenger sein? Oder hat unsere Tochter nur einen besonders starken Charakter? Tja, das behaupten ziemlich viele Eltern von ihren Kindern …

Momentan hoffe ich, dass Valentina sich etwas beruhigt, weil ein Schwesterchen dazugekommen ist. Nun muss sie teilen, und sie sieht, dass auch für Nummer 2 Regeln gelten. Aber ich fürchte, mein Mann und ich müssen in den nächsten Jahren noch viel dazulernen: nämlich diesen Kindern wirklich erwachsene Eltern zu sein und nicht nur gute Freunde. Ganz schön schwer, das finden wir beide.

Liebe Caroline,

ja, ja und ja! Kenn ich, weiß ich …

Heute Morgen, 6:45 Uhr. Schauplatz: Charlottes Zimmer, Wickeltisch. Projekt: Windel wechseln, Schlafanzug aus, Zähne putzen, Klamotten an. Verfügbare Zeit: circa fünf Minuten. Reaktion: Motte, knapp zwei, dreht mir ihren süßen Popo zu. „Mama, NEIN! Nein anzieh. Nack. Appa." (Übersetzung: Nö, Mama, ich laufe heute nackt rum.) Klar, bei Regen und 6 Grad. Ich drehe sie herum und fange an.

Die Reaktion lässt nicht lange auf sich warten: Tobsuchtsanfall! Schreiattacke! Zwischenruf: „I tret!" (Ich trete jetzt, und zwar dich, Mama!) Dazu bietet Charlotte mir allerhöchste tragische Schauspielkunst à la Romy Schneider: Tränen ohne einen Tropfen Feuchtigkeit, absolut gefühlsecht.

Ich: „Jetzt zieht dich die Mama an. Charlotte, *wer* ist hier die Chefin?"

Sie: „Iii auch!"

Hallo?! Was soll das heißen: „Ich auch!"? Ist wirklich *sie* die Chefin – und ich eine Erziehungsidiotin? Hat mein Mini-Tyrann längst die Lücken meines Erziehungssystems – nämlich: Inkonsequenz – entdeckt, um sie jetzt schamlos auszunutzen?

Kinder nutzen Inkonsequenz schamlos aus.

Ja, leider … Ich muss mir wohl selbst Regeln aufstellen:

- Konsequenz! Strenge heißt nicht, dass man sein Kind nicht liebt, sondern genau das Gegenteil. Unsere Mäuse brauchen klar gesteckte Grenzen. Wenn wir wissen, was wir wollen, fällt es unseren Kindern leichter, uns zu folgen.
- Ruhe! Ich versuche, ruhig und besonnen zu bleiben und nur ganz, ganz selten laut zu werden. Selbst wenn ich dafür die Zähne fest zusammenbeißen muss.
- Niemals heute Hü sagen und morgen Hott! Entscheidungen und Ansagen müssen bombenfest stehen. Einmal Auf-den-Tisch-Verbot, immer Auf-den-Tisch-Verbot. Mama muss eine verlässliche Größe sein.
- Gemeinsam leiden! Alles, was Charlotte aus Wut, Lust, Spaß oder sonstigen Beweggründen auf den Boden pfeffert, räumen wir *zusammen* auf. Und ich lobe meine Motte für jeden Duplo-Stein, jedes Fläschchen, jedes Buch – sprich: für jeden Gegenstand, den sie mit eigener Hand wieder an seinen Platz legt. Selbst wenn sie ihn selbst nur Sekunden vorher sinnlos hingeworfen hat.
- 100 Prozent da sein! Ich verlege *alle* meine wichtigen Telefonate und Job-Aktivitäten in die Zeit, die ich nicht mit Charlie ver-

bringe. Natürlich hat das auch mit reinem Selbstschutz zu tun, denn niemand, der mich früher ohne Kind erlebt hat, würde mich nun wiedererkennen. „Nein, Schatz. Mama telefoniert. Nein, nicht du. Nein, *mein* Handy... NEEEIIIN! Entschuldigung, rufe gleich wieder an ..."

Natürlich gibt es trotzdem fiese Situationen, in denen ich an meine Grenzen stoße: Eine Freundin ist mit ihrem Sohn (in Charlies Alter) und ihrem Säugling bei uns zu Gast. Beim Nachmittagssnack nimmt Charlie plötzlich ihre Gabel, wirft sie mit voller Wucht nach Mama und Baby – und trifft (zum Glück ohne Wunden zu verursachen). Danach guckt sie uns triumphierend an, als wollte sie uns sagen: Spitzenwurf, gelle?

Ich habe ihr sofort erklärt, warum sie da etwas Schlimmes getan hat, und sie erst aus ihrem Stühlchen gelassen, nachdem sie „Tschulligunsch" (Entschuldigung) gehaucht hatte. Danach hat sie beim Baby und bei meiner Freundin „Ei" gemacht – freiwillig, ohne Zwang.

Erziehung ist schwer, weil es anstrengend ist, konsequent zu sein. Wir geben viel zu oft nach, weil uns das viel, viel leichter fällt. Wenn wir uns aber zusammenreißen und auch mal Nein sagen statt Ja, obwohl es anstrengender ist, machen wir uns die Zukunft leichter: nicht nur Mama, Papa und Kind, sondern auch der ganzen Umwelt.

Und heute?

Heute führen sich unsere Kinder seltener als Tyrannen auf. Bei Valentina begann die Wende mit der Geburt ihrer Schwester. Nach Baby Nummer 2 hörte Caroline nämlich auf, jedem sofort alle Wünsche zu erfüllen – das hätte sie schon rein kräftemäßig gar nicht hinbekommen. Beiden Kindern tat das sehr gut. Sie haben sich zu selbstständigen und hilfsbereiten kleinen Mädchen entwickelt. Charlotte hat festgestellt, dass sie nicht allein auf der Welt ist – und dass sie weiter kommt und mehr erreicht, wenn sie ihre Mama nicht tritt.

Trotzalarm! Wenn aus dem süßen Baby plötzlich ein Ich wird

Liebe Caroline,

sie steht vor mir, leicht nach vorn gebeugt und die Fäuste so fest geballt, dass die Gelenke weiß werden. Der Kopf ist knallrot angelaufen, die Lippen hat sie zusammengepresst.

Regina Halmich vor ihrem letzten WM-Fight? Nein, Charlotte Hoffmann, gut zwei Jahre jung, Box-, Spuck- und Beiß-Talent mit Kita-Nahkampferfahrung! Zwar ist sie seit knapp drei Wochen schwer erkältet, aber ihr Wille, der ist ungebrochen.

Dem zarten Menschlein entweicht ein markerschütternder Schrei, ein verständnisloses, hysterisches, verrotztes, gehustetes „MAMAAA!".

Der Grund? Sie stößt sich daran, dass ich auf „ihrer" Seite des Sofas sitze. Nee, klar, völlig abwegiges Verhalten von mir – wirkliche eine Unverschämtheit.

Charlotte: „Rück, Mama, mein Platz! Los!"

Ich, ruhig: „Mensch, Charlotte. Setz dich doch neben mich. Da ist's genauso gemütlich zum Lesen."

Sie? Heult. Tränen kullern. Feuchte Sturzbäche. „NEEEIIIN!"

Charlotte hat ihren Willen entdeckt, ihre Entscheidungskraft – in einem Wort: ihr Ich.

Sie post vor dem Spiegel. Übt Grimassen. Dreht und wendet sich: „Ich schick!" Sie schlingt ihre Arme um mich, aber nur, um mir ein schlabbernasses Spucek</br>küsschen mitten auf die Brille zu drücken. Dabei lacht sie sich schlapp.

Doch die Entdeckung des Ichs geht nicht immer so gut gelaunt vonstatten. Manchmal wird's dabei auch schweinelaut. Charlotte trotzt jetzt. Läuft etwas in bestimmten Millisekunden nicht exakt so, wie sie es geplant hat oder wie sie es gewohnt ist, entfacht das bei ihr einen Sturm der Entrüstung.

Ab sofort entscheidet *sie*, wo sie sitzen will und was sie morgens anzieht. Ihre liebsten Worte zurzeit: „Nein, Mama, ich alleine!

Selbst mach!" *Sie* knöpft sich selbst den Body auf und reißt die Windel herunter. Sie setzt sich höchstselbst aufs Töpfchen – und will den Inhalt natürlich selbst entsorgen. *Sie* will das, was ich gekocht habe, würzen, Schnittlauch in Frikadellenteig purzeln lassen und bloß nicht gefüttert werden.

Ich bin begeistert von ihrer beginnenden Selbstständigkeit. Und gefordert durch die Arbeit, die Erziehung plötzlich bedeutet. Was soll sie entscheiden dürfen, und wo müssen Mama und Papa das Ruder übernehmen?

Dabei stoße ich bisweilen hart an meine eigenen Grenzen. Wie soll ich reagieren? Soll ich überhaupt reagieren? Hilft es, zurückzuschreien, wenn sie mich anschreit? Oder ignoriere ich sie besser? *Hilfe, was tun?*

Wenn das Kind trotzt, heißt es, dass es eigenständig wird. Das erfordert Erziehung, Geduld und Gelassenheit. Der wütende Wurm will ernst genommen werden. Für uns als Eltern bedeutet das: Erst hinschauen, dann entscheiden, wie man reagiert. Mal hilft ignorieren. Man kann gehen, ohne ganz weg zu sein. Mal kann man in ruhigem Tonfall erklären, dass es so jetzt nicht geht.

Das klingt alles easy, entpuppt sich aber als erstaunlich schwer. Wichtig ist vor allem, sich immer wieder zu sagen: Trotz ist völlig normal. Trotz bedeutet: „Ich schiebe Frust." Und wer frustriert ist, darf meckern!

In den letzten Wochen habe ich meine persönliche So-funktioniert's-Liste entwickelt:

- Wenn Charlotte beim Anziehen, Zähneputzen, Sitzenbleiben bei den Mahlzeiten nicht so will wie ich, dann zähle ich sie an wie einen Boxer. Sie schreit. Ich sage: „Eins … zwei … drei …"

Denn Charlotte weiß genau, dass ich bei drei hundertprozentig Ernst mache. Wenn sie bis dahin das Geforderte nicht freiwillig tut, dann muss sie es eben zwangsweise tun. Sie hat selbst die Möglichkeit, darüber zu entscheiden.

> Sobald Kinder ihre Selbstständigkeit entdecken, wird Erziehung zur Arbeit.

- Wenn Charlotte haut, kratzt oder beißt, was sie im Moment wahnsinnig gerne tut, dann fordere ich sie auf, damit sofort aufzuhören und sich bei ihrem Opfer zu entschuldigen.
- Mimt meine Tochter die schreiende Diva, dann frage ich sie: „Na, möchtest du dich in deinem Zimmer beruhigen?" Meist jault sie dann mit wissendem Blick: „Mamaaa, Zimmer! Ich will, schluchz, mich 'ruhigen." Circa 60 Sekunden später ist Frieden in der Bude.
- Ich versuche nicht rumzuschreien, weil ich mich mal selbst im Spiegel beobachtet habe und feststellen musste, wie lächerlich ich dabei aussehe.
- Ich mache Charlotte nicht kleiner, als sie sowieso schon ist.
- Und: Tätäää – ich versuche, konsequent zu sein. Ein Verbot ist ein Verbot ist ein Verbot!

Nach zwei Wochen heftiger Rumtrotzerei, in denen sich Charlotte ständig wegen gar nix hingeworfen und Rotz und Wasser geheult hat, ist bei Hoffmanns gerade mal wieder ein bisschen Ruhe eingekehrt.

Ich bin mir sicher, der Trotz kommt wieder – und es wird nicht leichter. Inzwischen habe ich mich entschlossen, meinen entzückenden Tyrannen einiges selbst entscheiden zu lassen. Das Resultat: Motte trägt seit vier Wochen nur noch ein einziges T-Shirt.

Aber 99 Prozent aller Entscheidungen treffe immer noch ich, und wenn ich meiner Tochter etwas verspreche, dann halte ich es auch ein. Sagt Mama also: „Noch eine Geschichte, dann ist Schluss!", dann ist danach auch wirklich Schluss. Damit werde ich für Charlotte zu einer verlässlichen Größe, im Guten wie im Bösen. Mit anderen Worten: Ich bin die Bestimmerin.

Worauf Charlotte jetzt erwidern würde: „Mama, ich auch!"

Liebe Christiane,

was soll ich sagen? Bei uns sieht es kaum anders aus. Valentina (2) begrüßte ihre Kindergruppe heute Morgen in einem übergroßen

Micky-Maus-Shirt für Sechsjährige, darunter Strumpfhosen statt Hose. Das ist nicht etwa mein Stil – sondern ihrer. Wenn es nach meiner Tochter ginge, würde sie in diesem T-Shirt auch noch schlafen und es überhaupt mindestens zwei Wochen lang nicht mehr ausziehen.

Das ist allerdings noch das kleinste Problem. Valentina hat nämlich nicht nur die Sprache entdeckt, sondern auch die Wahlmöglichkeiten, die ihr die Sprache eröffnet. „Nein, keine Milch, Apfelsaft!" „Nein, keine Mütze, keinen Schal!" „Nein, nur diese Schuhe." (Die Schuhe, die Mami viel schöner findet, zieht sie gar nicht mehr an.)

Das Anziehen und Ausziehen unserer Tochter bedeutet für meinen Mann und mich inzwischen das pure Grauen. In 99 von 100 Fällen gibt es Geschrei, und zwar so laut, dass wir Angst haben, die Nachbarn könnten gleich die Polizei rufen. Valentina schmeißt sich auf den Boden, schlägt sogar nach uns. Und seit ich ihr gesagt habe, sie solle ihre Lebensenttäuschung nicht an uns auslassen, sondern lieber am Sofa, haut sie da auch gerne mit voller Wucht drauf. Das Überraschende: In diesen Momenten weint sie nie. Offenbar weiß sie, dass sie die Situation selbst verbockt hat, und geht tapfer wie ein Indianer durch den Schmerz.

Doch auch in meiner Seele schmerzt es, denn ich merke, wie oft ich tagtäglich an meine Grenzen gelange. Wo ist meine süße Tochter hin? Warum kuschelt sie morgens nicht, sondern beginnt den Tag bereits mit einem lautstarken Trotzanfall, nur weil ich ihrer Meinung nach nicht schnell genug mit ihrer morgendlichen Milchflasche bereitstehe? Warum ist derzeit alles falsch, was bislang richtig war, und was kann ich tun, damit meine Maus endlich einmal wieder glücklich ist?

Nicht allein die Trotzanfälle machen mir so zu schaffen, sondern auch diese Entfernung, die dadurch zwischen uns entsteht. Valentina will ihren eigenen Weg gehen. Wenn sie mitten in einer Trotzphase steckt, dann kann ich machen, was ich will: Sie umgibt sich dann mit einem Panzer, der keine Zärtlichkeit zulässt.

Eine Ruhephase im Zimmer lässt das Wutmonster verschwinden.

Also gibt es bei uns Regeln, die uns vor dem Durchdrehen und sie vor ihrer Wut schützen sollen. Die oberste und wichtigste davon lautet: Wenn Valentina trotzt, sage ich ihr, sie solle sofort in ihr Zimmer gehen und sich ausruhen. Wenn das Wutmonster verschwunden sei, könne sie wiederkommen. Dieses Wutmonster stammt übrigens aus dem hilfreichen Buch *Robbi regt sich auf* von Mireille d'Allancé.

In acht von zehn Fällen funktioniert das ganz gut. Die restlichen zwei Fälle sehen so aus:

Fall 1: Mami ist auch nicht bester Laune und kann sich daher nicht zusammenreißen, wie es das Ich-bin-jetzt-Mutter-Lehrbuch vorsieht. Dann fliegen hier die Fetzen, weil ich auch schon mal aus vollem Halse meine Frustration herausschreie. Allerdings schäme ich mich sehr schnell dafür, denn wenn die Kleine dann weint, bin ja auch noch *ich* schuld.

Fall 2: Ich sage Valentina, sie solle in ihr Zimmer und ins Bett gehen, und sie antwortet (was immer häufiger vorkommt): „Au ja, Mina will gerne eine kleine Pause machen." Sprich, sie freut sich auch noch darauf und macht es sich im Bett so richtig gemütlich. Ich darf ihr gerne ein paar Bücher heraussuchen und einen kleinen Snack servieren.

Der Lerneffekt liegt in Fall 2 natürlich annähernd bei null. Aber zumindest findet die gestresste Mama dann mal zehn Minuten für sich …

In der Zeitschrift Eltern habe ich mal die Aussage einer Mutter gelesen, sie versuche, ihrem Kind während eines Wutanfalls immer wieder einen Weg zurück zu bauen. Für die Kleinen sei es, schrieb sie, einfach so schwer, nach dem Anfall wieder lieb zu sein. Ich frage mich, wie sie das macht. Heute Morgen, nachdem ich sicher tausendmal versucht hatte, Valentina in den Arm zu nehmen, bin ich irgendwann enttäuscht duschen gegangen. Wenig später kam sie angedackelt und fragte: „Mama böse?"

Ich habe sie geküsst und erleichtert geseufzt: „Nein!" In diesem Augenblick war ich einfach nur froh, dass es vorbei war. Wenn ich meiner Tochter nur irgendwie erklären könnte, dass ich nicht böse bin, sondern traurig, weil wir ihr nicht helfen können! Aber dafür ist sie noch zu klein …

Und heute?

Trotzen? Nein, heute würden wir das anders nennen: Unsere klugen Töchter erkennen die Schwächen ihrer Mamas und nutzen sie aus, um sich auf Teufel komm raus durchzusetzen. Wir schlagen uns derweil mit dem Mütterproblem herum, dass unsere Entscheidungsketten nicht immer logisch und gleichbleibend funktionieren und dass wir Konsequenz nicht in jeder Minute unseres Lebens aufbringen. Manchmal lässt sich ein schreiendes Kind durch Inkonsequenz astrein beruhigen, um die eigenen Nerven zu schonen. Nur haben wir dann am nächsten Tag den Salat, weil das, was wir uns zuvor hart erarbeitet haben, durch die kleine Mamaschwäche zunichte gemacht wird. Dann geht die Erziehungsarbeit wieder von vorne los.

Ansonsten: Unsere Töchter werden größer und vernünftiger – und wir lässiger.

Der kleine Klaps: Darf ich mein Kind schlagen?

Liebe Caroline,

ich liebe mein Kind. Charlotte ist das Größte, Beste, Schönste, was mir jemals passiert ist. Ich könnte sie – eigentlich – jeden Tag 23,5 Stunden abknutschen.

In der restlichen halben Stunde gibt es diese Momente, in denen ich mich massiv zusammenreißen muss, in denen ich vor Wut innerlich schäume, in denen ich an meine Grenzen gerate, in denen ich ausrasten könnte, in denen mich nur ein allerletztes winziges Endchen meines Geduldsfadens davon abhält, dass mir die Hand ausrutscht. Es sind Momente, in denen ich am liebsten fragen würde: Kann ich dieses Kind bitte umtauschen? Charlotte, knapp 3, probt den Aufstand. Muss sie ja, das gehört zum Großwerden dazu. Aber …

Zum Beispiel ein stinknormaler Supermarktbesuch: Meine Motte sitzt selbstverständlich nicht mehr im Wagen („Ich bin doch kein Baby mehr, Mama!"), sondern besteht auf einem eigenen Kindereinkaufswagen: „Mama, gib mir *bitte* einen Euro!" Schiebt die Münze rein, drückt drauf – und vorbei geht's an Salat, Weißkohl und Tomaten zu den wahren Verheißungen eines modernen Discounters.

Der Einkauf, der mit Baby Charlotte im Wagen easy in zehn Minuten erledigt war, dauert heute *endlos*. Unter Dauergezeter läuft das kleine Quengelmonster Slalom durch den Markt, gerne auch mal in die Hacken anderer Leute – wehe, ich fasse *ihren* Wagen an! Aber sie will nicht nur bestimmen, wo's hingeht, sondern auch, was in ihren Wagen hineinkommt: Paprika und Gurken in Babygröße („Guck mal, Mama, die schmecken lecker. Ich kaufe die!"), pinkfarbene Kaugummis im Hello-Kitty-Spender, Würstchen in schmucker Bärchenverpackung und gefühlte 99 999 Weihnachtsmänner. Besonders in der Vorweihnachtszeit lauert an fast jedem Regal eine Versuchung in Kinderaugenhöhe.

Auf mein Nein zu all diesen schönen Dingen folgt nur zu oft ein Tobsuchtsanfall der Extraklasse. Zwar hat sich Charlotte zum Glück noch nie vor Wut auf den schmutzigen Supermarktboden geworfen, aber sie brüllt, was das Zeug hält.

Die Umstehenden gucken.

Ich versuche, den Anfall zu ignorieren, und gehe weiter.

Die Umstehenden gucken noch dümmer …

Wenn ich dann sage „Charlotte, tut mir leid, das kaufe ich nicht. Komm bitte mit", brüllt sie meistens kurz weiter, läuft mir dann allerdings mit leichter Zeitverzögerung hinterher – ohne das Objekt der Begierde.

Kürzlich beobachtete ich eine Mutter in einer ähnlichen Situation. Sie packte ihr etwa vierjähriges Kind in der ersten Brüllsekunde hart am Arm und schüttelte es so heftig, dass es schon fast einer Tracht Prügel gleichkam. War diese fürchterliche Reaktion dem nichtigen Anlass angemessen? Das Kind weinte herzzerreißend. Und ich warf dieser blöden Kuh nur einen verächtlichen Blick zu. Am liebsten hätte ich sie angezeigt.

Ist körperliche Züchtigung eine legitime Erziehungsmethode? Nein!

Darf ich mein Kind schlagen?

Nein!

Denn was tue ich meinem Nachwuchs an, wenn mir die Hand ausrutscht? Ich zerstöre das Urvertrauen des Kindes. Mein Mann und ich haben uns geschworen, dass es bei uns nie einen Klaps gibt – nirgendwohin; egal wie sehr uns Charlotte herausfordert.

Jeder Klaps zerstört das Urvertrauen des Kindes.

In unserem Grundgesetz steht in Artikel 1, Absatz 1 klar und deutlich: „Die Würde des Menschen ist unantastbar."

Im Bürgerlichen Gesetzbuch ist darüber hinaus eindeutig geregelt: „Kinder haben ein Recht auf gewaltfreie Erziehung. Körperliche Bestrafungen, seelische Verletzungen und andere entwürdigende Maßnahmen sind unzulässig." Seit dem Jahr 2000 gilt daher, dass Klapse, Schläge, die Tracht Prügel, das Hinternversohlen, die Ohrfeige oder Backpfeife, die lange als „normale Erziehungsmaßnahmen" verniedlicht wurden – verboten sind! Denn jeder Klaps verursacht seelischen Schaden. Für dämliche Rumschreierei gilt das Gleiche.

Wir Eltern sind diejenigen, zu denen die Kinder aufschauen. Wir sind die Chefs, die Helden, die Vorbilder. Wir machen die Regeln, wir setzen sie durch. Schaffe ich das nicht, dann kann mich das zwar wütend machen – aber diese Wut habe ich bitteschön nicht an meiner Tochter auszulassen. Schläge sind nichts als ein Zeichen von Schwäche und Verzweiflung.

Liebe Christiane,

ich kann mich nicht erinnern, als Kind auch nur einmal geschlagen worden zu sein. Trotzdem bin ich mir manchmal nicht sicher, ob ich diese Zurückhaltung auch bei meinen Kindern auf Dauer aufbringen kann.

Ich weiß, mit meiner Offenheit mache ich mir keine Freunde. Aber Kinder bedeuten einfach nicht immer Liebe, Zärtlichkeit und Freude. Wie nichts und niemand anderes können Kinder einen auch an die eigenen Grenzen bringen.

Natürlich weiß ich, dass ich eigentlich in jeder Situation ruhig bleiben müsste: Schließlich sind sie einfach Kinder, und ich bin die Erwachsene. Aber muss ich ihnen deswegen wirklich alles einfach durchgehen lassen?

Die schwierigsten Situationen erlebe ich, wenn Valentina oder Victoria einen Trotztag haben. Sie werfen sich dann gerne beim Einkaufen oder auf dem Spielplatz in den Dreck und weinen – ach was: schreien, als wäre ihre Mutter das fieseste Ekel, das je in Hamburg gelebt hat. In solchen Momenten bin ich kurz davor, sie zu packen, ins Auto zu sperren und schreien zu lassen, bis die Supernanny zu uns kommt.

Na ja, eigentlich will ich genau das natürlich verhindern. Deshalb versuche ich schon seit einem Jahr, knifflige Situationen möglichst zu vermeiden. Sprich: Ich lasse einen Babysitter kommen, damit ich einkaufen gehen kann, ohne mal wieder an der Kasse festzustellen, dass ich vor lauter Kindergebrüll alle Einkäufe vergessen habe.

Natürlich bewahrt mich dieses System nicht davor, *zu Hause* an meine Grenzen zu geraten. Ich muss zugeben: Jedes meiner Kinder hat schon mal einen Miniklaps bekommen. Aber: Die Betonung liegt hier wirklich auf Mini.

Stell Dir doch mal folgende Situation vor: Victoria wirft beim Essen ihren Teller runter, und zwar schon zum zwanzigsten

> Kinder bringen einen wie nichts anderes an die eigenen Grenzen.

166

Mal – während ich ihr zwanzigmal ruhig und bestimmt erklärt habe, dass jetzt Schluss ist. Als ich unter dem Tisch herumkrieche, um Reis, Erbsen und Hühnchen aufzuklauben, schmeißt sie ihren Apfelsaft noch hinterher.

Wie würdest Du denn reagieren? Ich bin in diesem Moment aufgestanden und habe ihr auf die Hand gehauen – ein kurzer Patsch, natürlich nicht hart. Danach hat Victoria ihren Teller nie wieder auf den Boden geworfen.

Ich glaube nicht, dass ein solcher Patsch bei meinen Töchtern wirklich bleibende seelische Schäden hinterlässt. Und ich bezweifle, dass es immer richtig ist, so etwas ganz aus unserem Leben zu verbannen.

Irgendwo las ich mal die Aussage eines Psychologen, der sinngemäß erklärte, Kinder könnten es noch gar nicht richtig verarbeiten, wenn man ihnen ständig alle Regeln und Verbote sehr ausführlich erklärte, wie es Eltern heute so gerne täten. Manchmal sei ein kleiner Klaps daher besser, denn der zeige ihnen eindeutig, wo die Grenze sei.

Natürlich nicht ins Gesicht und nicht auf den Po! Alles was Demütigung oder Gewalt bedeutet, ist indiskutabel.

Als Valentina mich neulich zum gefühlt tausendsten Mal haute, weil ich ihre Lieblingsserie nicht anmachen wollte, sagte ich zu ihr: „Weißt du eigentlich, wie sich das anfühlt, ständig von dir gehauen zu werden? Das tut nicht nur weh, dass macht auch richtig traurig."

Sie gab zurück: „Nein, weil du bist böse!" Und – schwupp! – bekam ich wieder eine runtergehauen.

Also erklärte ich ihr: „Gut, dann haue ich jetzt auch!" Und gab ihr einen Mini-Patsch auf den Arm, denn da haut sie mich umgekehrt auch meist hin.

Und weißt Du was? Erstaunlicherweise setzte sie sich eine halbe Stunde später neben mich aufs Sofa und sagte: „Duhuu, Mami, hauen ist ja soo doof! Ich mach das nie wieder."

Sie hat es tatsächlich nie wieder getan.

Hilfe, der Rosa-Virus greift um sich! Wenn sich über Geschmack nicht streiten lässt

Liebe Christiane,

am Flughafen Hamburg vor einer Woche: Die dreijährige Valentina und ich betrachten die Flugzeuge und freuen uns auf eine Woche Urlaub. Während ich schon von der Sonne träume, fragt sie mich plötzlich skeptisch: „Duu, Mami? Ist unser Flugzeug denn auch rosa?"

„Nein, Valentina, warum sollte es?"

„Oh…" Kurze Pause, in der sie offenbar ihren Schock verarbeitet. „Dann fliege ich nicht mit."

Kaum habe ich *meinen* Schock ein wenig verarbeitet, fragt sie schon weiter: „Duhuu, Mami, ist es wenigstens lila?"

Nein, war es nicht. Rot war es, und mitgeflogen ist sie trotzdem. Allerdings nicht, ohne darüber zu diskutieren, ob wir denn auf dem Rückweg ein rosa Flugzeug besteigen würden.

Wann hat sich meine Tochter bloß mit dem grassierenden Rosa-Virus angesteckt?

Lange hat sie immer nur Blau oder Grau getragen. Seit sie ein Baby war, fand ich diese Farben an ihr schöner. Ich kann ihr bis heute anziehen, was ich will: Jeans oder Kleid, T-Shirt oder Pulli, Ringel oder Blumenmuster – Hauptsache, es ist rosa. Was das betrifft, versteht mein Kind auf einmal keinen Spaß mehr.

Diese Wandlung betrifft unser ganzes Leben. Der heiß ersehnte Roller zum Geburtstag hatte die falsche Farbe. Wer jetzt glaubt, mit ihren zarten drei Jahren würde sie so etwas innerhalb von ein paar Tagen oder höchstens Wochen vergessen, der irrt. Gerade gestern erklärte Valentina mir: „Du, Mami, wenn Victoria im Sommer Geburtstag hat, kann sie meinen Roller haben. Und dann schenken wir ihr einen in Rosa und den nehme ich."

Bitte?!

Ginge es nach Valentina, dann würde unsere ganze Welt ab jetzt rosa erstrahlen. Das gilt selbstverständlich auch für ihre

Mami. Neulich trug ich eine Jogginghose – alt und verschlissen, aber rosa. Meine Tochter ließ es sich nicht nehmen, mich freundlich darauf hinzuweisen, *so* sähe ich *endlich* einmal gut aus. Warum ich diese Hose nicht öfter anziehen würde?

Ich schäme mich. Weder meine Schwester noch ich waren jemals Rosa-Trägerinnen. Liegt es daran, dass diese Generation zwischen Feen-Zauberstab, Einhörnern und Prinzessin Lillifee aufwächst? Wie sehr beneide ich derzeit die Jungsmamis, die ihren Kindern all diese wunderbaren Farben anziehen dürfen: Blau, Braun, Grün, Grau … In meinen vom ständigen Rosa geblendeten Augen wirken diese Farben wie wahre Schmuckstücke.

Natürlich versuchen mich die mitleidenden Mädchenmamis zu beruhigen: „Das geht vorbei! Spätestens mit sieben oder acht, wenn sie in der Schule sind." Ab da höre ich weg. Auf keinen Fall werde ich die nächsten Jahre in einem Rosa-Lila-Rausch verbringen! Mal sehen, wer am Ende stärker ist: ich oder diese Gruselfarbe.

Der Rosa-Wahn vergeht spätestens in der Schulzeit.

Übrigens, so ganz und gar scheint das Rosa mit dem achten Geburtstag doch nicht aus dem Leben zu verschwinden. Mein Schwager und seine Frau haben sich vor kurzem einen kleinen Labrador gekauft. Tiefschwarz ist er. Sein Name? Rosa!

Liebe Caroline,

ich habe inzwischen *alle* Fotoalben durchgearbeitet auf der Suche nach einem Bild von mir in Rosa! Es gab nicht ein einziges.

Dunkelblau, Weiß, Hellblau … Nun ja: und eine grauenerregende wattierte 100-Prozent-Synthetik-Weste in *Pink*. Anruf bei meiner Mama: „Hast du mir die gekauft?"

„Nein, das war Omi Düsseldorf. Bei der konntest du dich immer durchsetzen."

Aha! Wäre es also nach mir gegangen …

Sind denn alle Mädchen entweder rosa-krank oder pink-süchtig? Woher kommt das bloß? Wer ist daran schuld? Die Gene? Die Hormone?

Vielleicht. Immerhin liegen die für Rot-Erkennung zuständigen Gene auf dem weiblichen X-Chromosom.

Die Erziehung?

Ja, auch. Wer Rosa einkauft, prägt das Farbempfinden und Rollenverhalten seines Kindes.

Die Industrie?

Aber hallo! Die „Mädchen-Regale" in den Spielwarengeschäften sind mühelos daran zu erkennen, dass sie einem rosa-pink entgegenleuchten.

Die Verkörperung dieser Farbsinfonie ist die unvermeidliche Prinzessin Lillifee – unvermeidbar auch deshalb, weil es mit dieser Figur inzwischen über 300 Produkte gibt, von der Glitzerspange übers Anti-Ziep-Shampoo im Feen-Fläschchen bis zum luxuriös gepolsterten Prinzessinnen-Thron. Genau den bekam Charlotte direkt zur Geburt geschenkt, und sie *liebt* ihn bis heute über alles.

Meine Tochter konnte noch weder sprechen noch laufen, als sie bereits unter mehreren Spielsachen mit unfehlbarer Sicherheit immer zu den pink- oder rosafarbenen griff. Die roten Bagger und grünen Autos blieben liegen.

Kürzlich rief Charlotte beim gemütlichen gemeinsamen Blättern in einem Klatschmagazin plötzlich aus: „Mama, da! Sooo schön, ein pinkes Auto. Warum kaufen wir das nicht?" Es handelte sich um den geschmacklosen pinkfarbenen Bentley von Paris Hilton.

Fakt ist: Erst nach dem Zweiten Weltkrieg begann sich Rosa in die Kinderzimmer zu schleichen. Zu Beginn des 20. Jahrhunderts galt Rosa nämlich noch als Farbe des männlichen Geschlechts. Kleine Mädchen trugen damals Blau. Vor der Erfindung kochfester Textilfarben waren Kinderklamotten aus praktischen Gründen ohnehin schlicht weiß gewesen.

In der Psychologie wird Rosa mit Sanftheit verbunden. Farbforscher behaupten, es wecke den Beschützerinstinkt. Negativ ausgedrückt: Rosa mache Mädchen schwach und verweichlicht.

Moment mal, stimmt das denn? Also, an Charlotte kann ich keinerlei Anzeichen dafür feststellen, dass aus ihr mal ein schüchternes Mäuschen wird, das sich – in mädchenhaftes Rosa gekleidet – sofort dem erstbesten Prinzen an den Hals wirft, der auf seinem hellblauen Pferd vorbeigaloppiert kommt.

Die elterliche Rosa-Allergie ist schon fast selbst ein Klischee.

Warum werden dann Eltern, die sich selbst für auf- und abgeklärt halten, so hysterisch, wenn's um Rosa geht? Alex Rühle verglich Lillifee im Magazin der *Süddeutschen Zeitung* mit Schweinegrippe und Ebola – zumindest in der Geschwindigkeit, mit der sich die Figur verbreite. In der *Welt am Sonntag* konstatierte gar ein Autor: „Hilfe, meine Tochter wird eine Tussi!" Mal ehrlich: Ist die Rosa-Allergie von Mädchen-Eltern nicht inzwischen selbst ein klitzekleines bisschen zum Klischee geworden?

Rosa ist eine Phase. Und die hatte selbst Picasso: Ab 1905 malte er nach seiner blauen Periode plötzlich rosa. Er kehrte damit der Melancholie den Rücken.

Rosa macht die Welt ein bisschen bunter … Auch Deine, meine und die unserer Kinder.

Mama, das Häufchen Elend: Wenn Schlafentzug zur Folter wird

Liebe Caroline,

es gibt ein neues Buch, das ich über alles liebe und ständig hervorhole. Es heißt: *Verdammte Scheiße, schlaf ein!* Bestimmt kein Zufall, dass der US-amerikanische Autor Adam Mansbach selbst Vater ist.

Kann man das nervigste Problem aller Baby- und Kleinkindeltern besser auf den Punkt bringen? Schlafstörungen! Eltern schlafen nicht mehr durch – es sei denn sturzbetrunken, mit Ohrstöpseln und abgeschlossener Schlafzimmertür …

Die lustigen Verse in dem oben erwähnten Bilderbuch bringen das Thema hübsch zugespitzt auf den Punkt. Die Aufforderung im Titel kommt darin übrigens öfter zum Einsatz … mit steigender Intensität. Ich habe das Buch gleich dreimal bestellt – für mich, für Dich und für die Mama von Charlottes bester Freundin.

Ich habe mit meiner Tochter *alles* versucht, damit sie allein einschläft. Viermal haben wir das Programm des Bestsellers *Jedes Kind kann schlafen lernen* durchgezogen, bis unser Kinderarzt meinte: „Lassen Sie's. Das hat keinen Sinn." Obwohl die Nächte zeitweise wirklich besser wurden.

Seit Charlotte zweieinhalb ist, schläft sie auf eigenen Wunsch in einem großen Bett. Und forderte: „Mama, du schläfst jetzt bei mir!" Und was tue ich? Gehorchen … Wir liegen gemeinsam in ihrem Bett, lesen und schmusen. Nach zwei Geschichten geht das Licht aus. Ohne Ausnahme.

Aber: Es nervt manchmal wahnsinnig! Denn Charlotte schläft natürlich nicht immer nach zwei Minuten ein, sondern benötigt häufig eine halbe Stunde oder länger. Mich entspannt das leider null, dieses ewige Warten auf den Schlaf. Und wenn ich dann leise und vorsichtig aufzustehen wage, um mich hinauszuschleichen – dann höre ich hinter mir: „Mama …?" Nicht immer, aber oft. Und dann geht das ganze Spielchen noch einmal los. (Ja, ich bin selbst schuld.)

Zudem kommt Charlotte *jede* Nacht früher oder später zu uns ins Bett. Mein Mann nimmt irgendwann Reißaus – und zwar in Charlottes Bett, das glücklicherweise groß genug ist. Gute Laune macht das trotzdem nicht unbedingt.

Meine Mutter sagt: „Bei uns war das genauso. Ihr zwei seid fast jede Nacht zu uns gekommen. Irgendwann hat das plötzlich aufgehört – und dann haben wir's vermisst …"

Liebe Christiane,

nun dachte ich doch glatt, bei uns wär's besonders dramatisch!

Im Ernst: Gerade kehre ich von einem Besuch beim Homöo-
pathen zurück. Er ist meine letzte Hoffnung beim Versuch, meine
Jüngere zum Schlafen zu bringen. Tatsächlich geht es ein biss-
chen besser, seitdem Victoria die Kügelchen von ihm bekommt.
Manchmal schläft sie sogar bis 4 oder 5 Uhr morgens durch.
Wacht sie dann aber auf, kann es gut sein, dass wir sie vor lauter
Müdigkeit überhören.

Schlaf ist ein Thema geworden, über das ich beliebig oft und
beliebig lange sprechen könnte. Ich lasse mir von meinem Mann
Nächte im Gästezimmer schenken, um ab und an zu spüren, wie
das so ist: ohne Unterbrechung durchzuschlafen. Für Außen-
stehende mag das krank klingen – es sei denn, sie sind
selbst Eltern.

In meinem Bekanntenkreis sprechen wir von
„Bäumchen wechsel dich". Dieses Spiel geht
so: Je nach Menge der Kinder und Anzahl der
Zimmer schläft Kind 1 in Bett 1 ein und Mama
beim abendlichen Händchenhalten in Bett 2 von
Kind 2. Papa schläft in Bett 3. Nur wenige Stunden
später hat das Spiel begonnen. Kind 1 befindet sich
in Bett 3, Mama in Bett 1 oder 4 (Gästezimmer, wahlweise mit
Kind 2, damit Papa auch noch Platz in Bett 3 hat). Beim Frühstück sehen wir uns dann alle wieder, je nach Bettenwechsel sehr
müde oder nur ein bisschen müde.

Ohrstöpsel gehören zu meiner nächtlichen Standardausrüs-
tung. Da Victoria – wenn sie denn schläft – nachts spricht, ächzt,
stöhnt und im Traum nach Mami ruft, hätte ich sonst an die hundert Mal pro Nacht das Gefühl, zu ihr gehen zu müssen. Meine
Ohrstöpsel verhindern das. So stehe ich erst auf, wenn wirklich
eindeutig und nachdrücklich nach mir gerufen wird.

Abendeinladungen, die nach 20:30 Uhr beginnen, sind mir
seit drei Jahren ein Gräuel. Ab 21 Uhr muss ich aufpassen, nicht

Über das
Thema Schlaf
können Eltern
beliebig lange
sprechen.

über der Vorspeise einzuschlafen. Manchmal schleiche ich mich heimlich auf die Gästetoilette, um mein Gesicht gegen die Müdigkeit mit kaltem Wasser zu bespritzen.

Zu Hause halte ich gerade so bis zum Beginn des „Heute Journals" durch – natürlich abgeschminkt und im Pyjama, um danach nur ja keine Zeit zu verlieren. Mein Mann findet das langweilig bis hysterisch. Allerdings kommt er auch mit deutlich weniger Schlaf klar. Und er schläft innerhalb von 3 Sekunden ein. Ich dagegen gehe todmüde ins Bett und brauche trotzdem eine Dreiviertelstunde, bis ich endlich abgeschaltet habe.

Das Fazit für mich: Der perfekte Abend mit Freunden (den wenigen, für die wir noch Zeit haben) geht um 19 Uhr los und endet um 21:30 Uhr. Hysterisch? Auf jeden Fall. Aber wir wollen diese Babyjahre ja auch gut gelaunt überstehen. Und das ist mit Schlafmangel nicht immer einfach.

Und heute?

Carolines Leben änderte sich im Hinblick auf das leidige Schlaf-Thema entscheidend, als Victoria kurz vor ihrem viertem Geburtstag beschloss, ab jetzt durchzuschlafen. Eines Tages kam sie und sagte: „Mama, ich stör dich nicht mehr." Unfassbar! Allerdings will sie dafür belohnt werden: wahlweise mit ein paar Cents im Sparschwein oder einem Überraschungsei.

Valentina dagegen hat erkannt, welche Kapazitäten bei Mama frei geworden sind, und kommt nun wieder jede Nacht. Nur dass Victoria sie deswegen jeden Morgen „Baby" nennt, findet sie blöd. Kann also sein, dass auch diese Phase bald wieder endet.

Bei Christiane half irgendwann die Konsequenz. Kurz nachdem Charlotte Vorschulkind geworden war, redete Christiane vernünftig mit ihr. „Jetzt, wo du schon so groß bist und bald zum ersten Mal ohne Mama und Papa im Kindergarten übernachtest, sollten wir mal allein schlafen üben."

Charlottes Antwort: „Nein! Nie! Du sollst immer bei mir schlafen, auch wenn ich ganz groß bin."

Trotzdem ging an diesem Abend das Alleinschlaf-Training los. Zunächst gab es ein paar Tränchen und wilde Diskussionen. Aber Charlotte spürte bald, dass Mama es bei aller Liebe ernst meinte. Nach einer Woche fragte Charlotte nicht mehr jeden Abend: „Mama, schläfst du bei mir?" Aber: Sie kommt immer noch jede Nacht. Mal gucken, wie lange noch …

Auaaa! Mein Kind haut mich

Liebe Caroline,

Sonne, Spielplatz, Sand. Einen Meter neben der dreijährigen Charlotte und mir steht ein vollkommen nackter Junge, mit erhobenem Schäufelchen bewaffnet. Im nächsten Augenblick haut er es seiner Mama mit voller Wucht auf den Rücken. Einmal, zweimal. Die Mama: „Ach, Theo. Du …"

Er schlägt noch mal, weil's so viel Spaß macht. Die Mama, ohne Groll in der Stimme: „Mein Theochen."

Der Kleine, knapp zwei, wechselt vom Rücken nach vorn, zieht seiner Mama das T-Shirt herunter, holt sich die linke Brust raus und steckt sie sich in den Mund. 10 Sekunden saugt er, bevor er sich wieder in Richtung Rutsche bewegt. Die Mama: „Theo, das hast du jetzt gebraucht, nicht?"

Meine Tochter guckt völlig verdattert. „Mama, was macht der da?"

Tja, was soll ich da sagen …

Kurz darauf, 50 Meter weiter. Ein Vierjähriger will seine volle Großpackung Salzstangen nicht mit seinem hungrigen Kumpel teilen. Statt Gebäck gibt's Kloppe für den verzweifelt heulenden Freund, und dessen Mutter bekommt auch noch einen Klaps ab. Die eigene Mama? Verzieht noch nicht mal die Miene, sondern guckt nur stumm zu.

Auch Charlotte findet Hauen gerade ganz doll prima. Sie hat sich dummerweise in den letzten drei Wochen angewöhnt, wann immer sie nicht weiterweiß, einfach mal zu testen, wie viele Schläge die liebe Mama verträgt.

Beim ersten Mal dachte ich noch: Das passiert bestimmt nicht mehr. Von wegen!

Also – was tun? Zurückhauen? Na, super. Das ist ja ganz bestimmt keine Lösung.

Ich habe mir angewöhnt, ganz cool, aber ernst zu bleiben, ihre Schlaghand zu ergreifen und Charlotte ein klares, bestimmtes Nein entgegenzusetzen.

Denn durchgehen lassen kann ich das nicht, auch wenn Hauen bei kleinen Kindern nach Ansicht der Experten nichts Ungewöhnliches ist: Alles total normal. Gehört dazu. Mit drei befinden sich die Kleinen in ihrer Selbstbestimmungsphase. Durch Schlagen, Hauen, Kratzen spüren Kinder Macht, und sie lernen, sich selbst zu verteidigen.

Aber: Die Grenze ist da, wo die Großen sie setzen. Es hilft daher, laut Nein zu sagen, dem Kind ernst in die Augen zu schauen und seinen Arm festzuhalten. Auch Dreijährige verstehen schon Sätze wie „Lieber laut reden als treten".

Die Grenze ist da, wo die Großen sie setzen.

Was Eltern aber auf keinen Fall tun dürfen: Dinge sagen wie „Du tust mir weh" oder „Du verletzt mich". Wenn ein kleines Kind nämlich erfährt, dass es einen der Großen verletzen kann, dann verliert es das Vertrauen in den Erwachsenen: Er wirkt dann nicht mehr stark, kann das Kind nicht mehr zuverlässig beschützen.

Ich versuche Charlotte gerade diese elende Quengelei abzugewöhnen, an der ich wohl selbst maßgeblich schuld bin. Alles, was sie nicht bekommt oder nicht darf, wird so lange beheult und bejault und bequakt, bis Mama doch nachgibt.

Aber ich gebe nicht nach. Nein. Na, klar, da wird mal gern die kleine Faust geschwungen. Rumms! Ab in Mamis Bauch.

Schatz, ich liebe dich trotzdem.

Liebe Christiane,

na super, offenbar habe ich mal wieder alles falsch gemacht. Meine Formel lautete bislang: „Schlag mich nicht, du tust mir weh!" Ich dachte, das wäre klug und pädagogisch genau das Richtige. Dass ich mich damit selbst von der Beschützerin zum Mama-Weichei degradiere, damit hätte ich nun wirklich nicht gerechnet!

Zum Glück ist das Mami-Hauen bei uns gerade kein Thema. Derzeit frisieren mich meine Kinder, sie streicheln mich und wollen, dass ich abends gut zugedeckt einschlafe, aber hauen? Nein. Wenn sie sauer sind, drohen sie mit Auszug oder laufen heulend weg.

Die dreijährige Valentina hat mich in den letzten Monaten vielleicht zweimal getreten oder nach mir gepatscht. Beide Male habe ich sie auf ihr Zimmer geschickt und ihr gesagt, sie müsse dort bleiben, bis sie sich bei mir entschuldigt hätte. Hat das wirklich schon Wirkung gezeigt, oder neigt meine größere Tochter nur einfach nicht zur Gewalt?

Mit meinem kleinen Kampfzwerg Victoria (2 Jahre) habe ich bislang noch nichts Gewalttätiges erlebt. Aber wenn ich sehe, wie sie mit ihrer großen Schwester umgeht, befürchte ich, dass sie auch mich eines Tages hauen wird. Kein Kind – so kommt es mir vor – kann derart wütend werden wie sie. Sie zieht Valentina an den Haaren und stößt Kinder, die mir, ihrer Mama, zu nahe kommen, brutal weg. Egal wie sehr ich mit ihr schimpfe, sie macht es immer und immer wieder.

Im Urlaub habe ich sie dabei beobachtet, wie sie mehrere unserer Eimer und Schaufeln hortete und jedes Kind wegtrat und -schlug, das ihr Spielzeug auch nur anfassen wollte. Mir und meinem Mann war völlig unverständlich, warum – schließlich ist sie als jüngeres Kind das Teilen eigentlich gewohnt! Die Taktik, die wir angesichts ihres Verhaltens irgendwann gewählt haben: Bloß nicht zeigen, dass das unser Kind ist …

Zweijährige unterscheiden noch nicht zwischen Spiel und Ernst.

Dieser Urlaub hatte es in Sachen Hauen ohnehin in sich – und daran waren mein Mann und ich nicht ganz unschuldig. Eines Tages fragten wir nämlich im Spaß: „Wer will als Erstes eine Backpfeife?" Und verteilten spielerisch ein paar zarte Backpfeifen. Wir alle lachten und hatten eine Mordsgaudi.

Leider nicht lange, denn Victoria verteilte ab sofort 24 Stunden am Tag Backpfeifen. Kaum morgens aufgewacht, traf mich die erste, abends zur laufenden Spieluhr die letzte. Einige davon taten wirklich sehr, sehr weh. Mein Mann und Valentina bekamen ebenfalls ihre Portion ab. Victoria zu erklären, dass das jetzt kein Spaß mehr ist, hat bis zum Ende des Urlaubs gedauert.

Merke: Vertraue nie darauf, dass eine gerade Zweijährige den Unterschied zwischen Spiel und Ernst versteht …

„Ist dein Willi so groß wie Papas?" Kinder können so peinlich sein

Liebe Christiane,

neulich mitten in einem Hamburger Supermarkt: Eine Mutter betritt den Laden, an der Hand ihre Tochter. Das offenbar gelangweilte Mädchen versteckt sich unter Mamas Rock, taucht nach wenigen Sekunden wieder darunter auf und ruft so laut, dass es wirklich alle hören: „Mama, warum riecht deine Mumu nach Fisch?"

Autsch. Was der Mutter wohl durch den Kopf ging, als ihr primäres Geschlechtsorgan mitten im Supermarkt Gegenstand des allgemeinen Interesses wurde? Ich selbst war nicht dabei, als es passierte. Die Geschichte wurde mir von einer Mutter aus dem Kindergarten erzählt. Die wusste es wieder von einer Mutter, die es wieder von jemand anderem gehört hatte. Kurz und gut: Halb Hamburg schien sich über den Zwischenfall zu unterhalten, und die arme Frau packte inzwischen wahrscheinlich ihre Koffer, um dieser Stadt für immer den Rücken zu kehren.

Was tut man bloß, wenn einen das eigene Kind so bloßstellt? Schweigt man? Erklärt man den Anwesenden: „Wirklich, ich dusche täglich!" Oder bricht man am besten gleich in Tränen aus, um zumindest den Mitleidsbonus einzusammeln?

Nichts ist peinlicher als Kinder! Sobald sie die Fähigkeit erlangen, halbwegs verständliche Wörter sinnvoll aneinanderzureihen, werden sie zu gnadenlosen Geheimnisverrätern, verursachen hochnotpeinliche Momente und zerstören dabei in wenigen Sekunden Mamis mühsam aufgebauten guten Ruf.

Kinder sind ehrlich. Und das bringt die Eltern manchmal ganz schön in die Klemme. Etwa wenn der entzückende Nachwuchs bei der Geburtstagsfeier äußert: „Ich will das Geschenk nicht, es ist langweilig und total doof, und außerdem haben wir es schon!"

Auch als Valentina von sich gab „Mami, meine Lehrerin ist dick!", wäre es mir lieber gewesen, besagte Lehrerin hätte nicht gerade neben uns gestanden. So aber trieb mir die Situation die Schamesröte ins Gesicht.

Natürlich verhalten sich Kinder einfach nur vollkommen authentisch und meinen nichts davon böse. Aber verstehen das auch andere Erwachsene? Zum Beispiel Menschen, die keine Kleinkinder haben? Und: Kann man Verständnis überhaupt verlangen?

Um die Fäkalphase beispielsweise kommt wohl keine Familie herum. „Mama, mein Kaka sah heute morgen aus wie ein Franzbrötchen", gab Valentina eines Tages freudig bekannt. Oder: „Mama, darf ich heute wieder unter der Dusche Pipi machen?"

Eine befreundete Mutter erzählte mir, sie traue sich mit ihrer dreijährigen Tochter kaum noch vor die Tür, seit es für die Kleine nur noch das Thema Geschlechtsorgane gebe. Doch auch Daheimbleiben schützt leider nicht immer vor Peinlichkeiten. Unlängst sprach die Kleine den Postboten an: „Hast du auch so

> Kinder sind ehrlich – und bringen die Eltern damit in die Klemme.

einen großen Willi wie Papa?" Den Papa mag das insgeheim freuen, Mama dagegen möchte im Erdboden versinken. Meine Kinder machen selbst vor ihrem armen Opa nicht halt. Drei Enkelinnen hat er, und alle interessieren sich für den Unterschied zwischen Mann und Frau. Neulich wurde er sogar auf der Toilette gestoppt. „Hey Opa, du hast ja auch so einen großen Willi wie Papa. Toll!" Angefasst oder daran gezogen haben sie glücklicherweise nicht.

Meine Lieblingskindergärtnerin, die Diplompädagogin Vivica Sommer, hat mir für solche peinlichen Situationen ein paar Tipps gegeben. „Für die Mutter im Supermarkt gilt: am besten darüber lachen, selbst wenn es etwas schrill oder verzweifelt klingt. Oder aber einen frechen Spruch parat haben. Wichtig ist: Die Peinlichkeit muss irgendwie aus dem Raum geschafft werden."

Im Fall der Toiletten-Verfolgung des Opas darf man aber auch mal sagen: „Lasst ihn in Ruhe!" Nicht jeder ältere Mensch kann mit einer so intimen Situation umgehen. Es ist besser, man hilft nach und erklärt den Kindern, dass er das nicht will.

Liebe Caroline,

es ist tröstlich, dass wir nicht allein sind! Unsere lieben Kleinen sind *alle* irgendwann einmal unfassbar peinlich! Da müssen wir durch. Gemeinsam. Mit puterroten Wangen und zugeschnürtem Hals. Und vielleicht der klitzekleinen Erkenntnis, dass uns selbst die gnadenlose Ehrlichkeit unserer Kinder irgendwann im vorsichtigen Miteinander abhanden gekommen ist.

Mich rettet die sofortige Flucht nach vorn aus solchen Situationen: Eine schnelle Entschuldigung, eine kurze Erklärung. Und nachher die Hoffnung auf Besserung und der feste Vorsatz, bloß nichts davon zu vergessen. Irgendwann wird man vielleicht darüber lachen können …

Ich schildere mal die peinlichsten zwei Begebenheiten der letzten zwei Wochen:

Situation 1 – Fitnessstudio: Ich komme vom Laufband, Charlotte vom Schwimmunterricht. In der Umkleide, in der sich nahezu alle Frauen nackt voreinander ausziehen, verschwindet eine Dame zum Umkleiden hinter einem Vorhang. Charlotte fragt laut: „Duu, warum gehst du hinter den Vorhang?"
Die Frau schweigt.
Charlotte wiederholt ihre Frage lauter.
Die Frau schweigt weiter. Ich greife ein: „Charlotte, die Frau möchte sich gerne hinter dem Vorhang umziehen. Allein. Lass sie bitte in Ruhe."
Charlotte: „Warum?"
„Weil sich nicht jeder Mensch nackt vor anderen ausziehen möchte. Lass sie bitte in Ruhe."
Charlotte beschließt: „Ich gehe mal gucken."
Ich: „NEIN! Lass sie in Ruhe!"
Charlotte ist das total egal. Sie liegt bereits auf dem Boden, schiebt ihren Kopf unter den Vorhang und quasselt weiter. Ich ziehe sie hervor und bitte sie, zu warten, bis die Frau wieder herauskommt. Charlotte zeigt sich erstaunt: „Du bist nicht hässlich, sondern ganz hübsch. Versteck dich doch nicht!"

Bloß nichts vergessen – irgendwann kann man drüber lachen!

Ich bin sprachlos, lächle dämlich und stammle: „Entschuldigung." Die Dame verlässt kopfschüttelnd die Umkleide.
Situation 2 – Urlaub auf Juist: Gefräßige Stille im Frühstücksraum. Der Hoteldirektor, ein netter Herr mit grauem, nach hinten gegeltem Haar, geht von Tisch zu Tisch. Unsere Tochter plaudert gerne mit ihm: „Duhuu, ich habe gerade einen ganz großen Riiiesen-Oschi-Kaka gemacht. Der hatte drei Teile: zwei große und ein kleines – wie unsere Familie!"
Die zwei Nebentische lachen sich schlapp. Und ich werde röter als die Tomatenscheiben auf meinem Teller. Dann setzt unsere Maus noch einen drauf: „Ich muss dir noch was erzählen: Die Mama pupst dem Papa immer ins Gesicht!"

Mein Mann liebt so was. Er prustet los, genau wie der gegelte Hoteldirektor und die zwei Nebentische. Ich würde mich am liebsten in Luft auflösen und möchte an dieser Stelle feststellen: *Das* habe ich wirklich noch *nie* gemacht!

Je mehr aber über Charlotte gelacht wird, umso toller findet sie das, was sie gesagt hat. Es droht Wiederholungsgefahr! Das Schlimme ist: Meine Tochter erzählt nicht nur alles, sondern sogar noch mehr – sie fantasiert nämlich ganz toll. So viel zu „Kinder sind immer total ehrlich"! Charlottes blühende Fantasie mag später mal für großartigen kreativen Output in ihrem beruflichen Alltag sorgen, aber heute und jetzt brauche ich nichts davon zu meinem Glück.

Meine Überlebensstrategie in solchen Situationen, die nicht mehr zu retten sind, lautet: Kein Kommentar gegenüber Anwesenden! Ignorieren! Höchstens ein hingehauchtes „Sorry".

Das Großartige an so kleinen Kindern ist ja, dass sie noch keine Hemmungen haben wie wir Großen. Charlotte geht beispielsweise völlig offen und freundlich auf Menschen mit einer Behinderung zu, fragt höflich, warum sie im Rollstuhl sitzen, ob sie nicht laufen können und ob ihnen etwas wehtut. In neun von zehn Fällen erhält sie eine sehr direkte und freundliche Antwort. Oft zaubert sie mit ihrem Interesse für andere sogar ein Lächeln in ein trauriges Gesicht.

Einmal sah sie – wiederum im Fitnessstudio – bei einer Frau, die sich nicht hinter dem Vorhang versteckte, eine schreckliche Brandnarbe am Arm. Charlotte fragte sofort: „Was hast du da? Tut das weh?"

Und sie bekam eine Antwort: „Als ich so klein war wie du, habe ich leider nicht auf meine Mami gehört und bin an den heißen Herd gegangen. Ein Topf ist über mich drübergekippt. Ich war ganz lange im Krankenhaus. Bitte hör auf deine Mama, wenn sie dir verbietet, an den Herd zu gehen."

Ich war begeistert: von der Offenheit der Frau – und dem Erziehungseffekt der Antwort!

Eigentlich sollten wir von der unbefangenen Art unserer Kinder lernen. Von der Fähigkeit, das auszusprechen, was einem auf den Lippen liegt, was einen wirklich bewegt. Wir sind viel zu oft befangen und verstecken uns hinter unseren Hemmungen – und unserer Erziehung.

Und weißt Du, was mich noch tröstet? Hundertprozentig wird der Tag kommen, an dem *wir* unseren großen Kleinen peinlich sind. „Mensch, Mama! Küss mich bitte nicht vor der Schule. Das ist sooo peinlich."

Und wehe, sie lesen irgendwann dieses Buch!

Danksagung

Wir danken unseren geliebten und von uns geplagten Ehemännern Bernd und Boris. Ein großes Dankeschön geht an unsere wunderbaren Mütter, die uns in Gedanken und manchmal auch mit kritischen Worten bei unseren Erziehungsversuchen begleitet haben und die wir – spät, aber nicht zu spät – doch noch zu wie verrückt liebenden Omis gemacht haben. Auf keinen Fall dürfen wir beim Dankesagen unsere eherettenden Babysitter Petra und Diana und die komplette Besatzung der Kindergärten „Kleine Heimat" in Hamburg und „Düsselfüchse" in Düsseldorf auslassen. Danke auch an unsere Agentin Rita Schmitt, unsere Lektorin Sabine Schlimm – und an KiKa, der uns in Notfällen mal eine Verschnaufpause beschert …

Quellenverzeichnis

Seite 28: Annette Kast-Zahn, Hartmut Morgenroth: *Jedes Kind kann schlafen lernen* (München: Gräfe und Unzer Verlag, aktualisierte Neuauflage 2013)

Seite 35: Düsseldorfer Familieninstitut: www.familieninstitut-duesseldorf.de

Seite 37: Jonas Siehoff: „Keine Panik, das gibt sich", in: *Frankfurter Allgemeine Sonntagszeitung* Nr. 42/2009

Seite 44: Kinderwagen im Hausflur: Urteil des LG Bielefeld, AZ 2 S274/92; Unwirksamkeit des Verbots in der Hausordnung: Urteil des AG Winsen, AZ: 16C 602/99. „Störende Geräusche …": Landes-Immissionsschutzgesetz Berlin vom 05.12.2005 (GVBl. S. 735), berichtigt am 13.01.2006 (GVBl. S. 42), geändert durch Gesetz vom 03.02.2010 (GVBl. S. 38), § 6 (1)

Seite 50/51: Dagmar von Cramm ist unter anderem Autorin von *Das große GU Kochbuch Kochen für Kinder* (München: Gräfe und Unzer Verlag). www.dagmarvoncramm.de

Seite 55: Tine Thevenin: *Das Familienbett. Geborgenheit statt Isolation*, aus dem Amerikanischen übersetzt von Manfred Ohl und Hans Sartorius (Frankfurt a. M.: Fischer Taschenbuch-Verlag, 1984)

Seite 111: D. H. Lawrence: „Education of the People", in: ders., Reflections on the Death of a Porcupine and Other Essays (Cambridge: Cambridge University Press, 1988; zuerst erschienen 1925), S. 85–165

Seite 126: Jörg Blech, Beate Lakotta: „Vom ersten Tag an anders" (Interview mit Simon Baron-Cohen), in: Der Spiegel Nr. 35/2003 vom 25.08.2003, S. 90–92

Seite 144: Christiane Hoffmann: „Heidi Klum: ‚Für den Laufsteg war ich zu klein und zu rund'" (Interview mit Heidi Klum), in: *BILD* vom 03.03.2011

Seite 162: Mireille d'Allancé: *Robbi regt sich auf*, aus dem Französischen übersetzt von Markus Weber (Weinheim: Beltz & Gelberg, 4. Auflage 2013)

Seite 171: Alex Rühle: „Der Lillifee-Komplex", in: *Süddeutsche Zeitung Magazin* 11/2010

Tobias Schönpflug: „Ein Mann sieht rosa", in: *Die Welt* vom 12.03.2006

Adam Mansbach: *Verdammte Scheiße, schlaf ein!*, aus dem Amerikanischen übersetzt von Jo Lendle (Köln: DuMont Buchverlag, 2011)

Register

ISBN 978-3-517-08929-4

1. Auflage

© 2014 by Südwest Verlag, einem Unternehmen der Verlagsgruppe
Random House GmbH, 81673 München

Umschlaggestaltung: zeichenpool, München, unter Verwendung
mehrerer Illustrationen von shutterstock
Layout und Satz: Nadine Thiel | kreativsatz, Baldham

Druck und Verarbeitung: CPI – Ebner & Spiegel, Ulm

Printed in Germany

Verlagsgruppe Random House FSC® N001967
Das für dieses Buch verwendete FSC®-zertifizierte Papier *Munken
premium cream* liefert Arctic Paper Munkedals AB, Schweden

www.suedwest-verlag.de

HEITER BIS WOLKIG: NEUES AUS BABYHAUSEN

ISBN 978-3-517- 08913-3

Nadine Luck wusste nicht, wie ihr geschah, als sie die Parallelwelt der werdenden Mütter betrat. Sie staunte darüber, wie egal plötzlich die Karriere wurde, wie wichtig dagegen das richtige Muhen auf vier Beinen im Geburtsvorbereitungskurs. In 45 heiter-amüsanten Episoden schildert sie ihre Erlebnisse in der Schwangerschaft mit allen Empfindlichkeiten, Schikanen und Freuden.

Leseproben unter suedwest-verlag.de

ALLES FÜRS FAMILIENGLÜCK

ISBN 978-3-517-08965-2

Ohne Herzchen, Bärchen, Baby-Kitsch: Das erste zeitgemäße Baby-Album, wunderschön illustriert und mit viel Platz für individuelle Einträge.

ISBN 978-3-517-08828-0

Die Rettung für gestresste Mütter: verständnisvolle, aufmunternde und tröstende Worte – liebevoll, freundschaftlich, von Mutter zu Mutter.

GELEGENHEIT MACHT LIEBE!

ISBN 978-3-517- 08903-4

Keine Zeit für Liebe, Lust und Leidenschaft? Selbst schuld, meinen Liebling & Schatz. Das Ehepaar mit zwei Kindern findet, dass man sich Zeit stehlen und jede Möglichkeit nutzen muss, möchte man sein Sexleben nicht ganz im Alltagschaos versinken sehen. Von kleinen Katastrophen über den erotischen Snack zwischendurch bis zu großen Abenteuern: heiße Geschichten, erotische Anregungen und praktische Tipps für Elternpaare im Alltagsstress.

Leseproben unter suedwest-verlag.de